2021年河南省高等教育教学改革研究与实践重点项目"课程思政理念下法学本科教学改革路径研究"(项目编号:2021SJGLX117)阶段性成果
2021年河南理工大学高等学校教育教学改革研究与实践重点项目"课程思政理念下法学本科教学改革路径研究"(项目编号:2021JG013)阶段性成果

民商法经典案例评析

翟宝红 著

上海大学出版社
·上海·

图书在版编目(CIP)数据

民商法经典案例评析 / 翟宝红著. —上海：上海大学出版社，2023.11
ISBN 978-7-5671-4853-6

Ⅰ.①民… Ⅱ.①翟… Ⅲ.①民商法-案例-分析-中国 Ⅳ.①D923.05

中国国家版本馆 CIP 数据核字(2023)第 223995 号

责任编辑　位雪燕
封面设计　缪炎栩
技术编辑　金　鑫　钱宇坤

民商法经典案例评析
翟宝红　著
上海大学出版社出版发行
(上海市上大路 99 号　邮政编码 200444)
(https://www.shupress.cn　发行热线 021-66135112)
出版人　戴骏豪

＊

南京展望文化发展有限公司排版
江阴市机关印刷服务有限公司印刷　各地新华书店经销
开本 890mm×1240mm　1/32　印张 8　字数 200 千
2023 年 11 月第 1 版　2023 年 11 月第 1 次印刷
ISBN 978-7-5671-4853-6/D·258　定价　68.00 元

版权所有　侵权必究
如发现本书有印装质量问题请与印刷厂质量科联系
联系电话：0510-86688678

Preface | 序

李建伟[①]

自2021年以来,我陆续出版了三册《公司诉讼类型化专题》,期待以大数据、实证研究、类型化研究、案例研究等为基本研究路径对公司法问题作专题讲解。这项工作与近年来我一直主张的实证分析方法相契合。正如美国著名法官霍姆斯在《普通法》一书开篇所说,"法律的生命不在于逻辑,而在于经验",而经验的获得有赖于实践。从法学教育角度来看,在立足于对法学基本理论知识掌握的基础上,通过大量案例教学找到理论与实践的契合点,在实践中运用和反思理论,才能提高法科生的实务能力;从法律适用角度来看,学习判例就是学习法律,判例就是个性化的法律。通过判例掌握法律不仅简单明确,也更有利于司法裁量权的统一。本书试图将教学案例编撰成书,以便学生学习时作为参考。

本书作者翟宝红于2006年考入中国政法大学,我担任其导师。在读期间,宝红勤奋刻苦,毕业后回原单位任教至今,一直致力于对民商事案件的研读与教学工作,笔耕不辍,多有心得,先后在多家刊物上发表多篇学术论文,出版学术专著两部,主持和参与多项省部级课题。在法学教学方面,宝红投入甚多,深受学生们的欢迎。

[①] 中国政法大学民商经济法学院教授、博士生导师、商法研究所所长,兼任中国法学会商法学研究会秘书长等职务。

本书名为《民商法经典案例评析》，共选取 24 个民商事案例，最大特色就是所选案例均为作者代理的案件，涵盖合同法、侵权法、公司法、保险法、票据法、破产法等与实践紧密贴近的民商事案件。事实上，法的适用始于具体案例的法律问题，以此为出发点，寻找可资适用的法律规范，经过缜密的分析与涵摄工作，进行论证并最终获取一定的结论。法学的实践性决定了推广案例教学的必要性。因此，每一个法律问题均具有重要意义，每一件裁判评述均具有参考价值，这都有助于推动民商法的进步。无论是司法实务还是法学教育，案例都具有举足轻重的地位。案例是研习法律的重要载体，案例教学是法学教育的重要方法。这本《民商法经典案例评析》选取典型案例，结合《民法典》《公司法》等最新规定进行评析，帮助读者掌握民商法的知识体系、民商法规范的具体运行以及民商法研究方法的实践运用，培养学生提炼法律事实、确定裁判要点以及解释法律的能力。本书将案例研究与法学教育课程密切结合，引导学生思考和讨论，将案例评释作为培养法科生的基本内容，帮助学生把握法律的真谛，掌握法律规则的适用方法，以提升法科生的专业素质水平。这也为培养理论功底扎实、实务能力突出的高素质法治人才提供了有效途径。更进一步，通过日常化的案例研究和评析释义，常态化揭露违法审判以及法律适用不统一的问题，反过来督促司法者依法办案。从事案例研究是每一位法学研究者的权利、义务与责任，研读案件、理解案件是法律人思维的基本素养及能力。本书的出版对于中国民商法的研究大有裨益，期待作者能够继续出版此类案例评析，对法律教育、法学研究及司法实务发展做出更大贡献。

目前，案例教学已经在高校的法学教育中逐渐推广，但案例教材较为匮乏，尤其是紧密贴近一线法律实践的案例教材甚少。应当明确，民商法的法学教育理应重视以《民法典》《公司法》等法律条文为中心的体系内容和理论知识的讲授，但这绝不意味着可以削弱案例教学的作用。民商事法律条文中的每一项制度规则,都是对司法实践经验的总结和提炼,背后都以一个个鲜活的案例为基础。事实上,离开了案例教学,法学教育即可能陷入"纸上谈兵"的困境。如果能够通过案例教材的方式以案释法,将看似枯燥的条文鲜活地展现在学生面前,学生即能够真正理解《民法典》《公司法》等法律条文,融会贯通地将法律规则适用于个案,并为今后从事法律职业提供重要的方法指引。本书中的案例均是从作者代理的众多案件中筛选的典型性案例,可谓在作者"自家一亩三分地"上展开阐释说理,具有极强的说服力。将这些案例运用到课堂中,能够使学生更加积极地参与到教学过程中。本书是一本总结民商法司法适用情况的案例集,更是一本司法实践中运用民商法知识解决具体问题的锦囊集。此外,本书还具有如下两大特色:

第一,案例选取具有典型性。紧贴民商法相关条文所需解决的现实问题,用鲜活的真实案例,全面、真实、生动地展现每一个司法案件的核心争议、论证抗辩思路及裁判观点,可以让读者用最短的时间积累最多的"经验"。

第二,评析体例具有妥当性。本书每篇案例评析均按照"案情简介""裁判结果""裁判要旨""裁判评述""类案裁判""法条索引"的结构统一撰写。这种篇章结构更符合案件处理流程和裁判逻辑,也更方便读者阅读。其中,在"案情简介"部分,力求简练精准地提炼每一案件的核心事实;在"裁判要旨"部分,呈现法院的主要裁判理由;在"裁判评述"部分,紧密围绕裁判要旨展开论证,使得对每一案例的评析均重点突出且具有解释说理的借鉴价值;在"类案裁判"部分,对实践中大量存在的类案裁判情况进行了梳理和总结,以便读者在处理同类民商事案件时能游刃有余。正如拉伦茨言,当抽象——一般概念及其逻辑体系不足以掌握某生活现象或意义脉络的多样表现形态时,大家首先会想到的补助思考形式是"类型"。而类型化研究也是近些年来我一直大力推行的商法学研究方法。通过类型化案例比较，可以求得法律规范的规范性、精确化解释，同时也有助于填补法律的漏洞。类型化案例研究在通常情形下是必要的，且在裁判依据相对模糊的法律领域独具优势。

"活水源流随处满，东风花柳逐时新。"民商法学具有极强的实践性，愿本书的出版能够推动中国民商法案例教学的发展，促使更多学者关注案例教学的重要性，为案例教学贡献更多的力量。经过几代人的共同努力，我国民商事法律体系已臻完善，具有中国特色的民商法理论体系也正渐次生成。在此背景下，广大民商法学者勠力同心，携手共进，加强对民商法的解释论研究，开展对案例的整理工作，对于推动民商法学事业的繁荣发展具有积极意义。《民商法经典案例评析》作为立足于民商事司法实践一线的新作，其出版必将有助于对民商法理论研究的本土化与体系化发展。

是为序。

李建伟
2023年10月31日

Foreword 前言

法律的生命并非逻辑,而是经验,而经验的获得必须依赖于实践。从法学教育角度来看,在立足于对法学基本理论知识掌握的基础上,通过大量实践找到理论与实践的契合点,在实践中运用和反思理论,才能提高法学学生的实务能力。因而,案例评析课程是法学教育的内在要求,更是法学专业课程思政改革的必然要求;从法律适用角度来看,学习判例就是学习法律,判例就是个性化的法律。通过判例而掌握法律不仅简单明确,而且更有利于司法裁量权的统一。

民商法案例评析课程是河南理工大学法学本科专业和法律硕士专业均开设的一门专业选修课,由于该课程属于河南理工大学法学专业的特色课程,因此没有现成的教材可用。实际上,根据民商法案例评析课的特点,也不宜有一本固定不变、体系完整、内容统一的"范本"。案例是活的法,评析活的法焉能用死的教本?之前开设的民商法案例评析课,采取的办法是将活页案例当堂发给学生分析讨论,这样既不方便学生课前准备,也不方便学生课后保存,课上完了,案例也不见了,是同学们反映较多的问题。因此,本人试图将教学案例编撰成书,以便学生学习时作为参考。

本书的写作主旨是以案例评述的视角,展开对民商事法律制度的研究,选择好案例就成为案例教学成败的关键。案例必须真实,虚拟的往往易生差错;案例必须典型,典型才具有普遍意义。本书所选取案例全部是从本人代理的众多民商事案件中筛选出来的典型案例,同时本书在类案裁判部分加入与正文分析案例同类的判例,帮助读者更全面地了解针对某一个问题的司法实践态度。

本书是一本总结民商法司法适用情况的案例集,更是一本司法实践中运用民商法知识具体解决问题的锦囊集。本书有以下两大特色:第一,紧贴民商法相关条文所需解决的现实问题,用鲜活的真实案例,全面、真实、生动地展现每一个司法案件的核心争议、论证抗辩思路及裁判观点,可以让读者用最短的时间积累最多的"经验";第二,对实践中大量存在的类似案例裁判情况进行了梳理和总结,以便读者在处理同类型的民商事案件时能游刃有余。

本书中每个案例基本上分为六个专栏,分别是【案情简介】【裁判结果】【裁判要旨】【裁判评述】【类案裁判】【法条索引】。【案情简介】部分是根据本人代理的案件的主要案情编选而成,对复杂的案情有所简化,但又不损及案情的完整性和逻辑性。【裁判结果】部分是对裁判书的结果部分予以简单列明。【裁判要旨】部分对裁判书的说理部分予以重点突出,并根据法院对本案的生效裁决书的主要内容演绎出的一般裁判规则,这是一个案例的灵魂所系。【裁判评述】部分是本人围绕本案的争议焦点尤其是裁判要旨所做的评论,有的是对法院裁决表示肯定,并从法理上予以论证;有的是对法院裁决提出质疑,并从法理上予以论证;有的则是对法院的裁决直接提出批评并指出裁决在法律适用、裁判逻辑等方面存在的法律错误,以充分展现立法规则、法理解释与案例裁判之间的互动。【类案裁判】部分选取了最高人民法院裁判文书网、中国法院网以及最高人民法院公报上刊登的案例及裁决作为类案参考。【法条索引】部分摘录了现行民商事法律、法规、司法解释关于该案例的法律适用规范,作为读者阅读每一个案例时的立法依据指引。

本书适用于高等院校法学专业本科生、研究生教学使用,同时也完全适用于法官、律师等法律职业人士参考使用。本书是民商事案例评析系列丛书的第一辑,作者将根据司法实践中经典案件变化以及我国立法的更新,对本书的案例进行更新,同时适时出版新的专辑。由于作者时间、经历及水平的限制,本书难免存在疏漏之处,恳请读者诸君不吝赐教,以期改正。

翟宝红

2023 年 10 月于河南理工大学

Contents 目录

民 事 案 例

案例1 周某诉河南某高校、崔某等健康权纠纷案——体育运动中的"自甘风险"规则如何适用　3

案例2 邱某与武陟县某艺术学校、黄某人身损害赔偿纠纷案——未成年学生在校期间受到伤害谁之责　10

案例3 魏某与邵某、河南某建筑公司提供劳务者受害责任纠纷案——提供劳务者受害责任纠纷中归责原则　17

案例4 某置业公司诉王某商品房预售合同纠纷案——销售宣传页中"双阳台大赠送"属于要约还是要约邀请　28

案例5 董某诉某旅游发展公司、赵某旅游服务合同纠纷案——如何认定服务合同中的安全保障义务　39

案例6 天津某燃气设备有限公司与河南某特种装备有限公司定作合同纠纷案——合同约定的"定金"一定适用"定金罚则"吗　48

案例7 项某与赵某、王某、焦作某汽贸公司民间借贷纠纷案——未经公司同意的情况下,在借款协议上加盖公司真公章,能否代表公司行为　56

案例8 王某与陈某、河南某达公司民间借贷纠纷案——明股实债的司法判定　63

案例9 梁某诉杨某、A公司、B公司等劳务分包合同纠纷案
——如何区分劳务分包与建设工程分包合同法律关系　73

案例10 江某诉王某、A公司建设工程施工合同纠纷案
——"包干价"工程未完工情况下如何结算　89

案例11 案外人某龙化工公司执行异议之诉——租赁权人是否有权阻止向受让人移交租赁标的物　101

案例12 申请执行人某铁路电缆公司执行异议之诉——投标保证金退还义务主体到底是谁　107

商 事 案 例

案例13 刘某与焦作某公司、白某、马某股东损害公司债权人利益责任纠纷案——未届出资期限的股东对公司债权人应否承担补充赔偿责任　115

案例14 A冷冻商行与徐某、李某等股东损害公司债权人利益责任纠纷案——股东对公司债权人承担赔偿责任的情形　122

案例15 孙某诉A化工科技有限公司股东知情权纠纷案
——股东查账权的范围有多大　132

案例16 梁某诉A化工有限公司股东资格认定纠纷案
——隐名股东资格认定及其法律后果　143

案例17 张某、李某、和某、乔某诉孟州市某塑业有限公司、徐某股权转让纠纷案——受让股东能否以股权未实缴为由解除股权转让协议　154

案例18 周某中诉某快递服务有限公司股权转让合同纠纷案
——侵犯股东优先购买权的股权转让协议效力认定　161

案例19 夏某诉某源公司、王某、唐某合同纠纷案——判定一人公司股东连带责任的司法认定标准　171

案例 20 郭某诉 A 财产保险股份有限公司保险合同纠纷案
　　——保险公司"无责不赔"条款是否有效　　　　180
案例 21 A 财产保险股份有限公司与马某、王某、B 运输公司
　　机动车交通事故责任纠纷案——醉驾发生事故造成
　　损害，商业三者险是否赔偿　　　　　　　　　186
案例 22 宁夏某鑫公司诉某华化工公司确认票据效力纠纷案
　　——票据金额做过更改：票据无效还是票据变造　194
案例 23 褚某诉某阳家具有限公司强制清算案——营业期限
　　届满，公司怠于清算，股东能否申请公司强制清算
　　　　　　　　　　　　　　　　　　　　　　204
案例 24 某星公司诉某医疗实业有限公司破产债权确认纠
　　纷案——破产案件中优先受偿债权如何认定　　229

后记　　　　　　　　　　　　　　　　　　　　　　　241

民事案例

案例 1

周某诉河南某高校、崔某等健康权纠纷案①
——体育运动中的"自甘风险"规则如何适用

【案情简介】

原告周某系被告河南某高校学生,于2012年9月1日入学,被告崔某系所在班班长。2012年9月13日下午,被告崔某短信通知原告周某到校南操场打篮球,当天同时参加打篮球的学生有被告崔某等10名同学。因参加打球学生较多,参与人员就轮流上场打球。在打球过程,原告周某突感头部不适,在场下休息。在休息过程中,在场同学发现周某身体不适,就和其他打球的同学将周某送至校医院救治。校医院经初步检查发现周某伤情严重,建议赶快转院。随即原告周某被送至××市第五人民医院救治,经诊断为右侧额、颞、顶、枕部硬膜下血肿。开颅手术后,昏迷14天,住院37天,花费医疗费67 058.07元。为方便就医和陪护,经院方同意后,原告周某转回山东老家继续康复治疗。原告受伤后,身体活动受限。应原告周某的申请,依法对"周某是否系外力或者自身造成右侧额颞顶枕部硬膜下血肿、右侧颞叶钩回疝;伤残等级等"进行鉴定。经鉴定:① 被鉴定人周某右侧额、颞、顶、枕部硬膜下血肿的发生与其在打篮球过程中

---

① 案例来源:河南省焦作市解放区人民法院(2016)豫0802民初434号民事判决书,河南省焦作市中级人民法院(2018)豫08民终1252号民事判决书。

的受伤致桥静脉撕裂出血之间存在直接因果关系;② 被鉴定人周某伤右侧额、颞、顶、枕部硬膜下血肿遗留中度智能障碍构成五级伤残、偏瘫(肌力四级)属于七级伤残。

原告认为,篮球比赛是学校组织的,受伤后未能及时送往医院,耽误了最佳救治时间,校方管理存在安全措施不到位、抢救不及时、老师及辅导员管理缺失等情况,应当承担全部赔偿责任,参与打球的10名同学应承担连带赔偿责任,故诉至法院。

被告河南某高校辩称:第一,原告所参加的打篮球活动系学生自发组织的课外活动,并非学校组织;第二,原告自始至终没有任何证据证明本次打篮球活动系学校组织;第三,原告在自发组织的打篮球活动中病发,系原告身体原因造成,学校没有任何过错责任;第四,原告没有证据证明其受伤系在篮球活动中外力所致;第五,学校管理与原告病发之间不存在法律意义上的因果关系;第六,学校已经妥善履行了相关的管理和救助义务。综上,原告作为成年人,系完全民事行为能力人,原告在自发组织的篮球活动中由于自身身体原因导致受伤,学校管理没有任何过错,校方不应承担赔偿责任。

被告崔某辩称:第一,原告必须举证证明被告崔某存在对原告的恶意加害行为,且该行为与原告的伤情存在法律上的因果关系,否则被告不应承担责任;第二,被告在本案中对原告没有任何恶意的加害行为,故不应当承担责任,依法应驳回原告对被告崔某的诉讼请求。

其他9名被告未出庭应诉、答辩。

【裁判结果】

一审驳回原告周某的诉讼请求。周某不服提起上诉,二审驳回上诉,维持原判。

【裁判要旨】

篮球比赛作为对抗性竞赛,受害人对参加体育活动所发生的风险具有合理的预测,如参赛者受伤后向行为人主张依公平原则分担责任,必将导致参赛双方因顾虑承担责任而不敢充分发挥拼搏的体育竞赛精神,从而使竞赛的对抗性减弱,这也有悖于此项体育竞赛的初衷。原告作为一名具有完全民事行为能力的大学生,应该预见到篮球比赛的激烈性、对抗性和风险性,其参加篮球运动,依法属于自愿甘冒风险的行为。因此,让同样自愿参加打篮球活动的被告崔某等人对原告的损失基于公平责任承担赔偿责任,这与竞赛的性质和目的相冲突,所以不宜适用公平责任原则处理竞技比赛参赛者发生的人身损害。

【裁判评析】

本案系典型的成年人在文体活动中受伤而引起的侵权责任纠纷,本案11名被告是否应对原告的损失承担赔偿责任,应适用何种归责原则,能否适用"自甘风险"规则,成为本案争执的关键所在。

近年来,随着人民生活水平日益提高,全民健身战略深入推进,群众性体育活动得到了进一步的发展和繁荣。不同于专业的竞技体育,群众体育由于缺少专业性知识与针对性训练,往往伴随着更大的风险,参与者在进行体育运动时,也可能会因他人的行为而受到损害。《中华人民共和国民法典》(下文简称《民法典》)施行前,针对体育活动中行为人非因故意或重大过失对受害人造成损害的,行为人是否应当承担责任并赔偿受害人损失的问题,各地法院采取不同的裁判思路:有的适用过错责任原则作出判决,要求侵权人承担责任(原告韩某诉被告谢某、鄂州市某足球俱乐部、陈某健康权纠纷一案)①;有的认为双方均无过错,运用公平责任原则判决双方共同承担损失(上诉人陈某因与被上诉人刘某生命权、健康权身体权纠纷一案)②;有的适用自甘风险原理裁判(上诉人唐某因与被上诉人黎某甲、黎某乙、黎某丙健康权纠纷一案)行为人不承担责任,同时也不赔偿受害人任何的损失③。另有部分法院表达了对自甘风险原理的认可,但在最终裁判时却根据公平分担损失规则判令行为人分担损失。由于裁判者对自甘风险规则和侵权归责原则理解的不同,同案不同判时有发生,不利于人民群众对法律的理解,对司法公信力也有一定的消极影响。《民法典》"自甘风险"条款出台后,统一了裁判尺度,为文体活动的司法实践提供了正确的价值引领和法制指引,保障了我国文化和体育事业的健康发展。

那么何为"自甘风险"?自甘风险系指受害人明知行为存在危险而自愿参加、进而免除该危险实现时行为人的侵权责任的制度。自甘风险制度源于古老的罗马法,已经属于较为成熟的民法制度。自甘风险制度是民法诚实信用原则的产物,受害者明知参与行为存在危险在先,而要求其他参与者承担责任在后,有违诚实信用原则且不符合个人理性主义理论。自甘风险规则的理念是来自责任自负的原则,每个人都要为自己的行为承担责任④。在我国民事立法中,无论是原《中华人民共和国民法通则》(下文简称《民法通则》),抑或是原《中华人民共和国侵权责任法》(下文简称《侵权责任法》),均未对自甘风险制度予以规定⑤。《民法典》于第一千一百七十六条正式在我

---

① 参见鄂城区人民法院(2016)鄂0704民初2400号民事判决书。
② 参见河南省郑州市中级人民法院(2017)豫01民终1030号民事判决书。
③ 参见湖南省邵阳市中级人民法院(2017)湘05民终481号民事判决书。
④ 王泽鉴:《侵权行为》,北京大学出版社2016年版,第281页。
⑤ 2021年1月1日,《民法典》正式实施,《婚姻法》《继承法》《民法通则》《民法总则》《收养法》《担保法》《合同法》《物权法》《侵权责任法》同时废止。以下不再逐一注释说明。

国民法上确立了"自甘风险"制度。

《民法典》第一千一百七十六条关于"自甘风险"的规定为:"自愿参加具有一定风险的文体活动,因其他参加者的行为受到损害的,受害人不得请求其他参加者承担侵权责任;但是,其他参加者对损害的发生有故意或者重大过失的除外。"理解此规定应当注意以下几个方面:① 主体要件为文体活动的参加者;② 主观要件为受害人自愿参加,即要求受害者对文体活动的风险和可能造成的损害有清晰的认识,其在意思表示自由的情形下同意参加文体活动;③ 行为要件,受害者实际参加了文体活动;④ 阻却事由,其他参加者存在故意或者重大过失,则不能适用自甘风险。

接下来的问题是:自甘风险与公平原则是何种关系,该如何适用?

从立法考察分析,对于民法中的公平原则,原《民法通则》措辞为"可以根据实际情况,由当事人分担民事责任",原《侵权责任法》表述为"可以根据实际情况,由双方分担损失",而《民法典》则修改为"依照法律的规定由双方分担损失"。从文义和严格变化上看,无疑前者更加强调根据实际情况来适用公平原则分担损失,特别是给予法官更大的裁量空间;而《民法典》中规定的态度则在于改变此前做法,旨在限制裁量空间,要求依照法律的规定来适用公平责任,这一修改无疑在很大程度上压缩了公平责任的适用空间[①]。而"自甘风险"条款并未明确规定可根据公平原则"分担损失",也就是说公平原则条款适用前提的法定化意味着"公平原则条款"在此类案件情形中不再具有适用空间。

由于公平分担损失原则赋予了法官较大的自由裁量权,且并未通过指导案例给出较为明确的规范,因此可能导致同案不同判的后

---

① 最高人民法院民法典贯彻实施工作领导小组主编:《中华人民共和国民法典理解与适用 侵权责任编》,人民法院出版社 2020 年版,第 203 页。

果,可能会损害司法的一致性,也损害了法律的规范效果。而适用自甘风险规则,那么无论是行为人还是受害人都只会承担"全有"或"全无"这两种法律后果,避免了"和稀泥"式的裁判导向,也使得法律规范更加清晰,有利于维护法律的一致性和可预期性。

本案虽然发生在《民法典》关于"自甘风险"规定之前,但法官在审理该焦点问题时排除了公平分担损失规则的适用,坚持了过错责任原则的立场,同时也遵循了《民法典》第一千一百七十六条关于"自甘风险"规则的立法精神,对审理此类案件具有示范作用,值得肯定。本案又让作者想起了 2006 年广西发生的"中国驴友第一案",南宁青年梁某("驴头")网上召集 12 名网友,共 13 名"驴友"共同参加户外探险活动,每人缴纳 60 元活动经费,旅行过程中突发山洪导致骆某遇难,骆某父母将其他 12 名"驴头驴友"共同告上法庭要求承担赔偿责任,当时由于没有规定自甘风险为免责事由,一审法院判决"驴头驴友"承担主要责任。二审法院虽然改判,但仍要"驴头驴友"依照公平原则承担部分责任,导致法律和法律责任抑制了人的交流和社会交往的价值取向,产生了不利的社会效果,如果当时有完善的"自甘风险"规则,就会有完全不同的裁判结果和社会价值引领。

【类案裁判】

1. 当涂县人民法院(2021)皖 0521 民初 58 号民事判决书

裁判要旨:足球运动是一项对抗性较强的运动,足球运动参加者在争抢足球时身体有可能碰撞从而造成伤害,足球运动本身具有一定的风险。作为完全民事行为能力的成年人,付某某、宋某在参加足球比赛时,理应知道足球运动本身是一项对抗性较强的运动,在对抗性运动中有可能受到伤害。其自愿参加足球运动,因其他参加者的行为受到损害的,受害人应对其他参加者存在故意或重大过失的实事予以举证证明,否则受害者不得请求其他参加者承担侵权责任。本案中,付某某、宋某是在争抢足球时右小腿发生碰撞,造成付某某右胫腓骨下段粉碎性骨折,无证据证明宋某对付某某受伤存在故意或重大过失。因此,付某某请求宋某赔偿其损失,缺乏依据,本院不予支持。

2. 广州市中级人民法院(2014)穗中法民一终字第3046号民事判决书

裁判要旨:完全民事行为能力人,并非受到幼儿园、学校或者其他教育机构以外的人员人身损害的,应当按照一般侵权责任来认定教育机构是否应当承担责任,由受害方对教育机构存在过错承担举证责任。教育机构侵权责任的责任范围在于教育机构是否尽到教育、管理职责,如尽到教育、管理职责,则不需要承担责任,否则应承担相应的责任。

【法条索引】

《民法典》第九百九十条、第九百九十五条、第一千零四条、第一千一百六十五条、第一千一百七十六条。

案例 2

邱某与武陟县某艺术学校、黄某人身损害赔偿纠纷案①

——未成年学生在校期间受到伤害谁之责

【案情简介】

原告邱某系被告武陟县某艺术学校舞蹈班的学生,2017年7月4日,原告在武陟县某艺术学校跳舞时摔倒致使左胳膊受伤,事发时年仅4岁。当日,原告被送至郑州市骨科医院进行治疗,住院16天,花去医疗费26 367.5元,住院期间陪护一人,于2017年7月20日出院。原告伤情经司法鉴定认定:原告左上肢损伤后伤残等级为十级。2018年2月24日,原告再次入住郑州市骨科医院行内固定取出术,住院6天,花去医疗费10 629.94元,住院期间陪护一人。被告武陟县某艺术学校已向原告垫付医疗费27 660元。原告邱某认为,原告在被告武陟县某艺术学校跳舞,在校期间老师未尽到监护职责,致使原告左胳膊受伤,被告应承担赔偿原告全部损失。

被告武陟县某艺术学校辩称:原告系由其同班同学即被告黄某(4岁)推倒致伤,黄某存在过错,应由黄某的法定代理人承担侵权责任,我单位应承担与其过错程度相当的补充责任,并依法申请追加了黄某及其法定代理人为被告参加庭审。

---

① 案例来源:河南省武陟县人民法院(2018)豫0823民初289号民事判决书。

被告黄某及其法定代理人辩称：第一，黄某不是本案的适格被告。黄某没有推倒原告，原告的伤害不是黄某造成的。黄某在原告伤害事故中无任何过错、过失行为。第二，被告武陟县某艺术学校应当承担原告的赔偿责任。被告武陟县某艺术学校对原告伤害事故承担的是过错责任，但这种过错是推定过错，证明没有过错的举证责任在被告武陟县某艺术学校，只要其不能证明其无过错，即推定其有过错并承担相应的民事责任。

【裁判结果】

（1）被告武陟县某艺术学校于本判决生效后10日内赔偿原告邱某医疗费、住院伙食补助费、营养费、护理费、残疾赔偿金、精神损害抚慰金、鉴定费，共计77 361.46元。

（2）驳回原告邱某的其他诉讼请求。

【裁判要旨】

公民的生命健康权受法律保护。原《侵权责任法》第三十八条规定："无民事行为能力人在幼儿园、学校或者其他教育机构学习、生活期间受到人身损害的，幼儿园、学校或者其他教育机构应当承担责任，但能够证明尽到教育、管理职责的，不承担责任。"本案中，原告邱某在被告武陟县某艺术学校跳舞期间摔倒受伤，武陟县某艺术学校未提供证据证明其尽到了教育、管理职责，因此，武陟县某艺术学校应对原告所受损失承担赔偿责任。武陟县某艺术学校辩称原告摔倒受伤系被告黄某推倒所致，但未提供有效证据证明，本院依法不予采纳。因此，被告黄某及其法定代理人不应对原告损失承担侵权责任。

【裁判评析】

本案是未成年人在校期间受到人身伤害的典型案例。近年来,学生在校期间受到伤害的案件越来越多,校园安全形势愈来愈严重,笔者在代理本案的过程中,认为有以下两个核心问题值得思考:一是教育机构侵权责任的归责原则;二是教育机构侵权责任的责任范围。

一、教育机构侵权责任的归责原则

所谓教育机构责任,是指无民事行为能力人和限制民事行为能力人在幼儿园、学校等教育机构学习、生活期间,因教育机构未尽到相应的教育、管理职责,导致其遭受人身伤害或者致他人损害时,教育机构所应承担的赔偿责任。

笔者通过检索、选取不同时期未成年人在校园活动中受到伤害的典型案例,进行整理,发现在不同时期相关案件裁判依据、思路均发生了变化。第一,在2010年原《侵权责任法》施行之前,处理此类案件依据为:原《民法通则》第四条"民事活动应当遵循自愿、公平、等价有偿、诚实信用的原则",第一百三十二条"当事人对造成损害都没有过错的,可以根据实际情况,由当事人分担民事责任",《学生伤害事故处理办法》第十三条"因下列情形之一造成的学生伤害事故,学校已履行了相应职责,行为并无不当的,无法律责任:……"。主要裁判思路为:① 依据公平原则"分担民事责任"。② 由致害者(通常是其他共同参加活动的学生)为受害学生分担损失,承担50%责任。③ "履行了相应职责,行为并无不当"的教育机构不承担责任。第二,在2010年原《侵权责任法》施行后,处理此类案件依据为:原《侵权责任法》第二十四条"受害人和行为人对损害的发生都没有过错的,可以根据实际情况,由双方分担损失",第三十八条及第三十九条的教育机构责任条款,判决思路也相应发生了变化,不再简单依据公平原则处理。第三,2021年《民法典》施行后,校园活动伤害案件适用规则主要为:其一,增设了"自甘风险"条款;其二,承继了原《侵权责任法》的教育机构责任条款。此外,公平原则条款适用前提的法定化意味着"公平原则条款"在此类案件情形中不再具有适用空间。

上述立法变化的主要价值考量是:既要尊重当事人意思自治和行为自由、保障合理分配及预警活动中的风险、对校园等文体活动进行鼓励等,又要对脱离监护人管理和保护的未成年人给予特殊保护。在具体案例中,应同时兼顾两种价值的落实。那么,对于未成年人在教育机构学习、生活期间受到伤害,教育机构该如何承担责任?笔者认为,教育机构责任应采取区分原则。第一,对无民事行为能力人而言:对无民事行为能力人,因其并不具备辨认自己行为的能力,一般亦不存在对于文体活动中合理风险的预见、知悉等,此时,应更侧重于教育机构责任条款对未成年人的保护价值。故对教育机构的责任应采用过错推定原则,由教育机构承担"尽到教育、管理职责"的举证义务。第二,对限制民事行为能力人而言:对限制民事行为能力未成年人,因其已具备一定辨认自己行为的能力,在其自行参加与其年龄、智力等相适应的活动时,应更侧重于对当事人意思自治和行为自由的尊重,对活动中风险的合理分配及预警。故,对教育机构责任应采用过错原则,适用"谁主张,谁举证"规则,且对教育机构责任应从严、客观认定。即对于在校未成年人自发组织的小范围与其年龄、认知能力相适应的文体活动,教育机构的教育、管理职责主要体现在场地设备的安全保障、事发后的及时救助义务等。

二、教育机构侵权责任的责任范围

教育机构侵权责任的责任范围在于教育机构是否尽到教育、管理职责,如完全尽到教育、管理职责,则不需要承担责任,否则应承担相应的责任。如何判断教育机构是否尽到了教育、管理职责,是处理此类纠纷的重点和难点问题。原则上,应当以法律的规定为依据确定教育机构负有的教育、管理职责。如果没有法律依据,则应当以善良管理人的标准来确定其教育、管理职责(即注意义务)。教育机构没有尽到教育、管理职责就应当认定其具有过错。

确定过错必须要对教育机构是否尽到了必要的注意义务进行考量:一要判断教育机构是否有基于法律法规或有关部门颁布的管理规章、操作规程等规定抑或教育机构与家长签订的合同而产生的一般性注意义务,如《中华人民共和国教育法》《中华人民共和国未成年人保护法》《学生伤害事故处理办法》等法律法规规定的教育机构对其学生的注意义务;二要判断教育机构有无基于法律法规或有关部门颁布的管理规章、操作规程等规定抑或教育机构与家长签订的合同要求而付出一定的努力,尽到了对学生人身健康安全的、合理的、谨慎的注意,例如幼儿园、各种培训学校等私立性教育机构与其学生约定的某种注意义务,如果幼儿园、培训学校等私立性教育机构违反了其与学生之间约定的某种注意义务,那么幼儿园、培训学校等私立性教育机构就必须承担相应的法律责任;三要判断教育机构对损害结果的可预见性和可避免性能否尽相当注意义务的条件。学校作为学生最直接的教育者和管理者,对未成年学生承担的注意义务理应高于一般人的行为标准,以避免安全事故的发生,但这种注意义务仍应有其合理的范围,不能要求学校履行超出其职责范围的无限注意义务。具体赔偿责任比例的确定还应综合考虑判决结果对学校开展教学活动积极性的影响,如果对学校施以过重的责任,会使得学校无法积极主动地开展与素质教育相适应的各种教学活动,学生也就难以接受到更好的教育,不利于实现教育的根本目标,最终受到损害的将是广大学生的利益。

教育机构侵权的具体情形各种各样,需要审判人员针对个案的具体情形,严格把握现行法律、教育政策法规以及日常生活经验法则等情况进行综合认定,既保障学生在校的人身安全,又合理界定教育机构的注意义务,维护正常教学秩序,寻求两者之间的最佳平衡点。

【类案裁判】

1. 福建省福州市中级人民法院(2021)闽01民终4324号民事判决书

裁判要旨:未成年人在教育机构学习、生活期间自行参加具有一定风险的文体活动受伤,构成自甘风险。此时,教育机构责任采取区分原则,对无民事行为能力的未成年人,教育机构责任采用过错推定原则,由教育机构承担"尽到教育、管理职责"的举证义务;对限制民事行为能力的未成年人,教育机构责任采用过错原则,适用"谁主张,谁举证"规则,且对教育机构责任应从严、客观认定。对于未成年人在校期间自发组织的小范围与其年龄、认知能力相适应的文体活动,单纯的未予制止并不构成"未尽到教育、管理职责"的情形。

2. 云南省昆明市呈贡区人民法院(2018)云0114民初2104号民事判决书

裁判要旨:学校、幼儿园或者其他教育机构对未成年人依法负有教育、管理、保护义务,教育机构在该类案件中的责任认定以其是否尽到相应注意义务为核心,同时兼顾社会示范效应,生效裁判应对学校开展教学活动起到积极的指引作用。

3. 山东省菏泽市中级人民法院(2020)鲁17民终1373号民事判决书

裁判要旨:教师采取不超过一节课教学时间的教室内站立听课且不超过学生承受限度的惩戒措施,是教师履行教育责任的必要手段和对学生正常教育管理的履职行为。学校承担学生人身侵权赔偿责任的时空范围应为学生在学校学习生活期间且学校存在教育、管理过错责任以及该过错行为与结果的发生具有因果关系。

【法条索引】

《民法典》第一千一百七十六条、第一千一百九十九条、第一千二百条、第一千二百零一条;《学生伤害事故处理办法》第六条、第七条、第九条;2004年施行的原《最高人民法院关于审理人身损害赔偿案件适用法律若干问题的解释》第七条。

案例 3

魏某与邵某、河南某建筑公司提供劳务者受害责任纠纷案[①]

——提供劳务者受害责任纠纷中归责原则

【案情简介】

被告河南某建筑公司承包了某市某村地段城市地下污水改造工程,后其将该工程中的污水管道安装工程分包给了被告邵某,其间被告邵某雇佣了原告魏某及闫某现、闫某杰、王某某四人进场施工。2014年5月23日,原告魏某从地下改造坑顺着梯子往上爬时从梯子上坠落,造成原告面部摔伤,当即被送往某市中医院治疗,经司法鉴定,构成十级伤残。另查证,被告邵某向原告魏某及闫某现、闫某杰、王某某四人按日支付报酬,事发时原告没有戴安全帽、未系安全绳。原告认为,被告邵某系涉案工程包工头,某建设公司系涉案工程的建设单位将工程分包给没有资质的邵某,应当与邵某承担连带责任。原告主张受伤的经济损失各方无法协商一致,原告因此向人民法院提起诉讼,要求邵某、河南某建筑公司共同赔偿医疗费、误工费、伤残赔偿金等各项经济损失合计262 841.62元。

被告邵某辩称:原告与我之间系承揽关系,我作为定作人,对原告的工作不存在指示或者选任上的过失;原告魏某在施工中未按规

[①] 案例来源:焦作市解放区人民法院(2015)解民二初字第10号民事判决书。

定确保安全,未系安全绳、未戴安全帽,自身未尽到合理的安全谨慎义务,其自身存在重大过错,是造成此事故的主要原因,应当由自己承担全部责任。

被告河南某建设公司辩称:原告魏某与我公司无合同关系,我公司将案涉管道安装工程分包给被告邵某,在双方的协议中明确约定,施工期间所发生的一切安全责任事故均由被告邵某承担;且原告所施工的管道安装工程并不需要施工资质,我公司对原告的受伤也无过错,故我公司不应承担责任。

【裁判结果】

被告邵某于本判决生效之日起 10 日内赔偿原告魏某医疗费等各项损失 70 796 元。

【裁判要旨】

根据原《侵权责任法》第三十五条[①]规定,"提供劳务一方因劳务自己受到损害的……根据双方各自的过错承担相应的责任"。本案被告邵某作为劳务接受方,没有提供证据证明其在安全生产方面尽到管理、监督职责,应当对原告的损失承担相应的赔偿责任。而原告作为劳务提供方,在施工过程中没有系安全绳、佩戴安全帽也是导致其受伤的因素之一,原告在本次事故中存在一定过错,其应对自己的损失承担相应的责任。法院划分原告应当自担责任比例为 20%,被告邵某应当承担的责任比例为 80%。

---

① 该条文现已被《民法典》第一千一百九十二条替代。

【裁判评析】

本案系典型的提供劳务者受害责任纠纷。提供劳务者受害责任纠纷是最高法院2011年《关于修改〈民事案件案由规定〉的决定》中新增设的一类案由,删去了《民事案件案由规定(试行)》中的"雇员受害赔偿纠纷"。随着城乡建设和社会经济的快速发展,个人之间或个人与单位之间劳务活动大幅增加,在提供劳务过程中提供劳务者遭受损害的情形也相应增加,提供劳务者受害责任纠纷一直是基层人民法院受理的一大案件类型。

提供劳务者受害责任是指在劳务关系存在的前提下,提供劳务一方因劳务受到损害,对损害赔偿责任的承担所引发的争议,具体包含个人之间的劳务关系以及个人与非个人之间的劳务关系两种类型。此类案件不仅关系提供劳务者生命健康权的救济与保护,同时也涉及接受劳务方的用工风险化解与生存发展之间的平衡。妥善审理此类案件需要正确厘清各方主体之间的法律关系,准确认定损害赔偿责任主体、归责原则、过程认定及赔偿范围,依法保护各方当事人的合法权益。

一、关于提供劳务者受害责任纠纷中劳务关系的司法认定

(一) 个人与个人之间劳务关系的司法认定

个人之间形成劳务关系的,接受劳务方通常以处理自身或家庭事务为主要目的,缔约形式不尽完备。司法实践中,首先应当初步审查被告是否系劳务关系的相对方即接受劳务方,对此应由提供劳务者承担举证责任:① 对于存在书面约定的,依据劳务合同的缔约主体,结合实际履约情况审查主体是否适格;② 对于双方未签订书面劳务合同的,应当审查是否有其他证据可证实劳务关系的相对方,如

电话录音、短信微信聊天记录、报酬支付凭证、报警记录、询问笔录等；③ 对于无其他证据可证明存在劳务关系的，应当以一般侵权责任纠纷案件的审理思路进行审查。

（二）个人与非个人之间劳务关系的司法认定

提供劳务者主张与法人、非法人组织之间存在劳务关系的，应承担举证责任。法院应当根据双方的书面约定等相关证据，以及实际提供劳务的情况审查劳务关系是否存在。个人与非个人之间形成劳务关系的主要情形包括：① 个人向劳务用工单位提供临时性劳务。劳务双方没有建立劳动关系的合意，劳务内容具有临时性且并非用工单位的主营业务组成部分，故不构成劳动关系。② 达到、超过法定退休年龄的劳动者被用工单位聘用。劳动者退休后依法享受养老保险待遇或领取退休金，不再属于劳动法意义上的劳动者。用工单位招用已经达到、超过法定退休年龄或已经享受养老保险待遇或领取退休金的人员，则与之形成劳务关系。③ 劳动关系依法未被确认的其他情形。提供劳务者主张与用工单位间存在劳动关系而申请工伤认定，但经法定程序未确认为劳动关系的，可主张与用工单位建立劳务关系要求单位承担损害赔偿责任。

本案中，类似挂靠、违法分包、转包情形在建筑领域普遍存在，劳务关系引发的法律责任涉及被挂靠企业、挂靠人、"包工头"等多个主体。当建筑企业将工程违法分包、转包后，"包工头"会根据用工需求临时招用施工人员，这样的施工人员就是法律规定中的提供劳务者。提供劳务者在施工过程中受伤起诉主张赔偿损失的，法院以提供劳务者受害责任纠纷案由予以受理。需要注意的是，在存在多轮承包、发包转手关系的案件中，依据当事人申请或依职权追加相关当事人一并审理为妥，以便查清各方当事人之间的法律关系，避免遗漏必要共同被告。

（三）一般劳务关系与承揽关系的区分认定

一般劳务关系中,对于提供劳务者的损害由劳务双方按照各自过错承担责任,或者按照无过错责任归责原则由接受劳务方承担赔偿责任。然而在承揽关系中则由承揽人独自承担意外风险,定作人仅对定作、指示或者选任上的过失承担责任,两种法律关系中对接受劳务方的责任认定规则并不相同。提供劳务者受害责任纠纷案件中,接受劳务方的主要抗辩理由之一即为否认建立一般劳务关系,主张双方系承揽关系,因此首先需要对劳务双方的基础法律关系进行审查认定。

司法实践中,区分一般劳务关系与承揽关系的认定要点是:① 当事人之间是否存在管理、监督关系;② 是否由一方指定工作场所、限定工作时间、提供劳动工具或设备;③ 是一次性或连续性提供劳务,还是一次性交付劳动成果;④ 是以劳动时间计付劳动报酬,还是一次性结算劳动报酬;⑤ 当事人所提供劳动是其独立的业务或者经营活动,还是构成接受方的业务或者经营活动的组成部分。若当事人之间存在管理、监督关系,由一方指定工作场所、限定工作时间、提供劳动工具或设备,定期计付劳动报酬,另一方提供劳务而不论有无特定成果,所提供的劳动是接受劳务方生产经营活动的组成部分,应当认定为劳务关系,反之则应为承揽关系。在具体认定时,法院需要充分运用逻辑推理和日常经验进行综合审查分析,不应局限于某一项要素作出判断。

（四）互联网平台用工法律关系是否属于劳务关系

随着互联网平台经济新兴业态的快速发展,互联网用工引发的侵权纠纷案件日益增多。实践中,平台公司与从业人员之间法律关系的性质存在多样性,双方可能会形成劳动、劳务、承揽、居间等不同的法律关系。法院在案件审理中需要根据双方订立的合同内容以及实际履约情况,并结合互联网用工的特点,准确认定双方法律关系的性质。

实践中，互联网用工大量存在"平台公司＋第三方公司＋从业人员"的模式。该种模式下，平台公司与第三方公司签订合同，由第三方公司派员到平台公司从事相关互联网服务工作。同时，第三方公司与从业人员直接签订劳动或劳务合同，由第三方公司负责对从业人员进行招退工、工作指示和安排、日常工作管理监督、薪酬发放、缴纳社保或投保商业险等，而平台公司与从业人员之间不直接签订劳动或劳务合同。从业人员在提供劳动或劳务的过程中自身受到损害的，赔偿权利人主张第三方公司承担用人单位责任或雇主责任的，应当予以支持。赔偿权利人主张平台公司承担责任的，法院可以从平台公司的过错程度、控制程度以及获益程度等方面进行审查，即结合平台公司在选择第三方公司时是否存在过错、平台公司是否对第三方公司经营业务存在较高程度的控制、平台公司的主要收入与第三方公司的经营业务是否密不可分等因素，综合确定其承担相应的补充赔偿责任。

二、关于提供劳务者受害责任纠纷中的归责原则

基于雇员受损害情况显著增多的审判实务情况，在 2004 年施行的原《最高人民法院关于审理人身损害赔偿案件适用法律若干问题的解释》第十一条[①]对雇员受害责任进行了规定，"雇员在从事雇佣活动中遭受人身损害，雇主应当承担赔偿责任"，该条文明确了雇员受伤后雇主承担无过错责任；在 2010 年施行的《侵权责任法》第三十五条以立法形式对该类案件情形进行了规定，"个人之间形成劳务关系，提供劳务一方因劳务自己受到损害的，根据双方各自的过错承担相应的责任"，这是我国法律首次明确规定雇员受害赔偿归责原则为

---

① 2022 年 2 月 15 日，最高人民法院审判委员会讨论通过了《最高人民法院关于修改〈最高人民法院关于审理人身损害赔偿案件适用法律若干问题的解释〉的决定》，2022 年 5 月 1 日起施行，该条文被删除。

过错责任原则,相应减轻了雇主的责任,加重了雇员的注意义务,体现了公平原则,这种改变得到了立法界和司法界一致认可。

在2021年施行的《民法典》第一千一百九十二条明确,个人之间形成劳务关系、提供劳务一方因劳务受到损害产生纠纷的,归责原则为过错责任原则。然而对于提供劳务者系个人、接受劳务方系劳务用工单位,提供劳务一方因劳务受到损害是否应当适用无过错责任原则,在实践中存在争议。我们知道,自然人与用人单位之间,绝大多数形成的是劳动关系,应通过《中华人民共和国劳动法》和原《中华人民共和国劳动合同法》予以调整。员工在工作中受伤的,可以直接按照《工伤保险条例》的规定,申请认定工伤,而后经劳动能力鉴定后,依法获得相应的工伤保险待遇。

但是,司法实践中确实也存在个人与用人单位之间形成劳务关系的情况。我们这里主要探讨两种情形。第一种情形是一部分自然人与用人单位确实形成了劳务关系,如某机械制造销售有限公司利用1天的时间,临时找了两个人为公司搬砖砌墙,日劳务费各300元。这种情形下,两名雇员的工作与公司正常的轴承制造销售工作无任何关系。雇员一旦在砌墙过程中受伤,应如何适用法律?应采用哪一种归责原则?第二种情形是,已经办理了退休手续、年龄确实超过法定退休年龄的自然人被某用人单位聘用后在工作中受伤,应如何适用法律和归责原则?根据最高人民法院《关于审理劳动争议案件适用法律若干问题的解释(三)》第七条"用人单位与其招用的已经依法享受养老保险待遇或领取退休金的人员发生用工争议,向人民法院提起诉讼的,人民法院应当按劳务关系处理"的规定,年龄已经超过法定退休年龄的自然人被某用人单位聘用工作的,双方形成的是劳务关系。

笔者认为,上述两种情形中的雇员与用人单位形成的都是劳务关系,受到损害的,仍应适用无过错责任原则,由用工单位对提供劳务者因劳务受到的损害承担赔偿责任。若提供劳务者存在故意或重大过失,则减轻或免除用工单位的赔偿责任。主要理由是:第一,从立法沿革上分析,《民法典》第一千一百九十二条、原《侵权责任法》第三十五条并非旨在改变雇主责任的无过错责任归责原则,而是针对日常生活领域大量存在的诸如家政服务、家庭装修等个人之间形成的劳务关系。根据该类法律关系的特点和权利义务对等、风险收益相当原则作出的特别规定,上述规定明确适用于"个人之间形成劳务关系",不具有比照适用的空间。第二,对于非个人之间的劳务关系,用工单位相对于个人在注意义务上、风险负担能力上及事故防范能力等方面具有绝对优势,且劳务活动性质多为生产经营及营利性商业活动。用工单位作为获益方应当为提供劳务者提供更为充分的劳动保护。第三,提供劳务者普遍存在知识水平偏低、证据意识薄弱、举证能力不足等现实问题,导致双方诉讼能力差距较大。适用无过错责任归责原则具有引导用工单位规范用工形式、完善劳动保护措施的导向作用。

接下来分析的问题是,对于提供劳务者受害责任纠纷中第三人侵权责任承担的归责原则是什么?2004年施行的原《最高人民法院关于审理人身损害赔偿案件适用法律若干问题的解释》第十一条规定,雇员在从事雇佣活动中遭受人身损害,雇主应当承担赔偿责任。雇佣关系以外的第三人造成雇员人身损害的,赔偿权利人可以请求第三人承担赔偿责任,也可以请求雇主承担赔偿责任。雇主承担赔偿责任后,可以向第三人追偿。该条文规定了第三人侵权致雇员损害的,雇员享有选择权,其可以请求第三人承担赔偿责任,也可以请求雇主承担赔偿责任。如此规定对雇员权益的保护更为周全,在特定时期有一定的积极意义,但显然加重了对无过错雇主一方的责任承担,忽视了主观过错因素在责任划分中应起的作用。2010年施行的原《侵权责任法》只是在法律术语上,用提供劳务一方和接受劳务一方替代了雇员和雇主的称谓,并没有明确规定提供劳务者因第三人原因受到损害的,接受劳务一方是否应承担赔偿责任。2020年施行的《民法典》第一千一百九十二条第二款规定:"提供劳务期间,因第三人的行为造成提供劳务一方损害的,提供劳务一方有权请求第三人承担侵权责任,也有权请求接受劳务一方给予补偿。接受劳务一方补偿后,可以向第三人追偿。"该项规定考虑到接受劳务一方为最终受益者,根据公平原则,对于提供劳务一方的损失,由接受劳务一方给予适当补偿,符合法的基本价值取向。

三、关于提供劳务者受害责任纠纷中的"过错程度"的判定

依据《民法典》第一千一百九十二条规定,法院在审理此类案件时,需要判断双方过错程度,以此确定双方过错比例。法院主要从以下方面对过错责任进行考量。

对接受劳务方未尽合理管理义务、安全保障义务的审查要点:① 是否具备从事该作业的相应资质并提供了安全的劳动场所和工作条件、防护设备等;② 是否采取防范和降低危险发生可能性的安全措施;③ 是否提供必要的劳务作业技能和安全知识培训;④ 是否进行必要的人身安全提醒,对提供劳务者的违规违章或者不当行为及时制止和纠正。

对提供劳务者未尽自身注意义务的审查要点:提供劳务者在提供劳务时应当承担安全生产的注意义务,提供劳动者在从事劳务活动中对行为方式的选择、对劳动安全条件的重视程度(如放弃或漠视,即可能被视为故意或有重大过失)、对安全事故的防范注意程度(如低于一般人所应达到的注意程度,一般会被认定为对自身损害结果具有过错)。如果提供劳务者已经尽到一般人或者常理下应尽到的注意、防范义务(不能对其过于苛求),则不能认定其有过错从而减轻接受劳务者的责任。

本案中法院基于以上要点进行审查,判定过错比例为20%和

80%,是法官行使自由裁量权的表现。这种结果任何一方认为比例不当,提起上诉的,二审法院一般很少进行调整。

因本案系《民法典》施行前的法律事实引起的民事纠纷案件,适用当时的法律、司法解释的规定。依照2004年施行的《最高人民法院关于审理人身损害赔偿案件适用法律若干问题的解释》第十一条第二款规定,"雇员在从事雇佣活动中因安全生产事故遭受人身损害,发包人、分包人知道或者应当知道接受发包或者分包业务的雇主没有相应资质或者安全生产条件的,应当与雇主承担连带赔偿责任"。结合本案事实,被告某建设公司违法将案涉工程分包给没有相应资质或安全生产条件的被告邵某,在施工时也未对施工现场安全进行检查、监督,明显存在过错,故应与被告公司邵某承担连带赔偿责任。《民法典》施行后,原《最高人民法院关于审理人身损害赔偿案件适用法律若干问题的解释》也进行了修改,取消了第十一条第二款的规定。而《民法典》第一千一百九十一条、第一千一百九十二条则完全沿用原《侵权责任法》关于提供劳务致害、受害责任纠纷的规定,因此,今后如出现类似情形,河南某建筑某公司将不再承担连带责任,法律规定的变化会直接影响判决结果。

综上,在提供劳务者受害责任纠纷案件中,法院应当坚持注重保障提供劳务者合法权益,同时兼顾接受劳务方利益平衡和生存发展需求的原则,注重劳务关系与侵权关系裁判之间的协调性。通过此类案件审理,充分发挥引导接受劳务方规范用工形式、提高安全保障意识、完善劳动保护措施的作用,强化防范劳务受害事故发生的导向作用。

【类案裁判】

1. 银川市中级人民法院(2019)宁01民终4285号民事判决书

裁判要旨:提供劳务者受害责任纠纷中劳务关系认定的实质是

契约与报酬的平等交换关系,接受劳务者处于劳务关系中主导和风险防控的控制地位,其对提供劳务者承担既相对又绝对的责任,在两者混合过错的情况下,应充分权衡双方行为导致结果发生的过错程度和原因力,以此来确定担责比例。

2. 山西省高级人民法院(2021)晋民申 4564 号民事裁定书

裁判要旨:谢某某系由李某某个人雇佣,按日结算工资,双方形成雇佣关系,作为雇主的李某某未采取有效安全保护措施,致谢某某遭受人身损害死亡,应当由李某某承担赔偿责任,但谢某某作为提供劳务一方,在提供劳务中本身未尽到注意义务,对本次事故的发生也有一定的责任。一审法院综合考虑多种因素,酌情确定的分责比例较为客观,并无不当。再审申请人所提李某某因未给谢某某缴纳保险应承担全部责任、某造林公司违法分包给没有用工资质的李某某应承担连带赔偿责任的主张,无法律和事实依据,故本院对此主张不予支持。

3. 西安市中级人民法院(2020)陕 01 民终 3985 号民事判决书

裁判要旨:雇员(提供劳务者)在上班途中,从其日常居所前往工作场所,是其正常履行工作职责的必要条件,与其正常履职存在内在联系,因此,应当被认定为从事雇佣活动。雇员在上班途中遭遇第三方侵权,由于雇主系雇佣活动的受益者,根据公平原则,对于雇员的损失,雇主应当给予适当补偿。雇主在承担补偿责任后,可向第三方追偿。

【法条索引】

《民法典》第一千一百七十三条、第一千一百七十五条、第一千一百九十二条。

案例 4

某置业公司诉王某商品房预售合同纠纷案[①]

——销售宣传页中"双阳台大赠送"
属于要约还是要约邀请

【案情简介】

2015年8月,被告王某欲购住宅,开始关注卖房优惠的开发商。通过了解,王某看到原告某置业公司工作人员给自己的户型鉴赏宣传单显示出售的商品住宅房是"双阳台大赠送",比较划算。为此,2015年11月6日,原告某置业公司(甲方)与王某(乙方)签订《认购协议书》。协议约定:乙方所购物业位置为某大街东侧某某·翰林苑项目某号楼某单元某层某户,暂测销售面积109.96平方米(该面积系预测面积,合同销售面积以双方签约合同为准,产权面积以最后具有测量资质部门的测量结果为准)。购房合同款及相关税费:该商品房基本单价为每平方米3 228元,总价354 951元……。付款时间及金额:乙方于2015年11月6日缴纳定金10 000元;乙方在2015年11月9日之前到某某·翰林苑售楼中心签订《商品房买卖合同》。该协议书另批注:特价房一口价316 000元。2015年11月6日,被告向原告某置业公司支付定金10 000元。2015年11月13

[①] 案例来源:河南省温县人民法院(2023)豫0825民初2568号民事判决书,焦作市中级人民法院(2023)豫08民终2390号民事判决书。

日,被告向原告某置业公司支付首付款40 000元。

2015年11月21日,原告某置业公司向被告王某出具《价格认可单》:建筑面积109.96 m²,基本单价3 228元,基本总价354 951元。付款方式:按揭。优惠额度:特价房一口价,合同单价2 873.78元,合同总价316 000元,认购日期2015年11月6日,签约日期2015年11月21日,首付95 000元,贷22.1万元,2015年11月6日定金10 000元,2015年11月13日首付款40 000元,赠送天然气、水电。2016年1月13日,原告某置业公司将案涉商品房交付被告。

2016年6月29日,原告某置业公司与被告王某签订商品房预售合同,合同约定:该商品房1号楼2单元1705号,预测建筑面积共110.08 m²,其中套内建筑面积92.04 m²,公共部位与公用房屋分摊建筑面积18.04 m²;该商品房阳台,其中封闭阳台数为0,非封闭阳台数为0;出卖人与买受人约定按建筑面积计算,该商品房单价每平方米2 873.78元,总金额316 346元。商品房交付后,产权登记面积与合同约定面积发生差异,双方同意按所售房屋面积最终以有资质的测绘公司实际测量为准,按面积差多退少补。付款方式及期限:该客户在签订合同时累计首付款78 346元,剩余房款238 000元办理按揭手续。买受人逾期付款的违约责任:逾期超过90日后,出卖人有权解除合同。出卖人解除合同的,买受人按累计应付款的1%向出卖人支付违约金。买受人愿意继续履行合同的,经出卖人同意,合同继续履行,自本合同规定的应付款期限之第二天起至实际全额支付应付款之日止,买受人按日向出卖人支付逾期应付款万分之三的违约金。本条中的逾期应付款指到期应付款与该期实际已付款的差额;采取分期付款的,按相应的分期应付款与该期的实际已付款的差额确定。交付期限:出卖人应当在2016年10月1日前,将具备下列条件并符合本合同约定的商品房交付买受人使用:该商品房经验收合格。关于产权登记的约定。出卖人应当在商品房交付使用后360日内,将办理权属登记需由出卖人提供的资料报产权登记机关备案。如因出卖人的责任,买受人不能在规定期限内取得房地产权属证书的,双方同意按下列约定处理:买受人不退房,出卖人按已付房价款的1‰向买受人支付违约金。同日,被告向原告某置业公司支付了剩余首付款28 346元。2016年7月6日,双方在银行办理了按揭贷款手续,剩余房款238 000元通过按揭贷款支付,原告以向银行缴纳保证金为由,收取被告王某11 900元贷款保证金。被告付清房款316 346元后,2016年11月4日,原告某置业公司向被告出具了购房款316 346元发票。

2017年4月7日,县房地产测绘有限公司出具测量报告,其中1705号房建筑面积为116.92 m²。原告某置业公司不动产权证书载明某某·翰林苑1号楼2单元1705号房产建筑面积116.92 m²,现面积误差为6.84 m²。原告某置业公司多次通知被告王某补缴购房差价款并携带相关购房手续到公司办理不动产权证未果。无奈,原告某置业公司诉至法院,请求判令被告王某支付房屋差价19 657元及逾期付款违约金13 091.56元。

被告王某辩称:第一,案涉房屋应按《认购协议书》和《价格认可单》载明的特价房一口价316 000元认定房款,不存在补缴房款的问题;第二,《商品房预售合同》系原告主动要求与答辩人补签的机打格式合同,合同中的第四条、第五条加重了答辩人的支付责任,应当认定无效;第三,案涉房屋双阳台面积8.675 m²属于"户型鉴赏"宣传页中明确赠送的部分,所以,测量报告和不动产证上核定的116.92平方米不应包括双阳台面积8.675 m²,被告无须再补交差价。

王某同时提出反诉,请求本诉原告立即协助将不动产权证书过户到王某个人名下,并返还王某支付的贷款保证金11 900元。

原告某置业公司辩称:第一,由于王某没有付清房款差价,违约在先,故置业公司同意在王某付清房款差价后方可协助办理不动产变更登记手续;第二,置业公司收取王某的贷款保证金系事实,但王某主张退还按揭贷款保证金的条件不成立。原、被告就保证金未明确约定退还期限,且根据贷款保证金的性质以及用途,当购房借款人取得房产所有权证并办妥以银行为抵押权人的抵押登记手续后,银行才会将保证金账户的对应保证金予以退还,由此可见,该款项的退还系附条件的民事法律行为,即是指在原告取得房地产权证,并办妥以银行为抵押权人的抵押登记手续后银行才予以退还。

【裁判结果】

一审法院判决:① 被告王某应偿还原告某置业公司款 19 657 元及违约金(违约金以 19 657 元为基数从 2021 年 9 月 1 日始按日万分之三计算至款项支付之日止);② 原告某置业公司应在判决生效后 15 日内协助被告王某办理案涉商品房不动产权属登记手续;③ 原告某置业公司应返还被告王某银行保证金 11 900 元。以上①③项在判决生效后 10 日内履行。

原告不服提起上诉,二审维持原判。

【裁判要旨】

双方签订的《认购协议》是为了将来签订正式的房屋买卖合同所作的预约,性质上应为预约合同,而非本约合同。本案应以双方签订的商品房预售合同内容确定各自的权利义务;价格认可单载明"特价房一口价",根据正常理解应该是价格单上载明的房屋单价、房屋建筑面积确定的房屋总价格,商品房预售合同约定对面积差价款予以补交或者退还对各方当事人也是公平的;《商品房预售合同》仅显示该商品房阳台的情况是其中封闭阳台数为"0",非封闭阳台数为"0",

并无赠送阳台的特别约定,难以解释为阳台是赠送的或者阳台面积不计算在房屋计价面积内。银行按揭贷款保证金是业主以按揭贷款的方式购买房屋时,银行在按揭贷款过程中按照贷款总额的一定比例向开发商收取的保证金,开发商同时承担按揭贷款的连带保证责任。开发商在银行设立保证金专用账户,在业主购买的房屋完成抵押登记后,银行将按揭贷款保证金退还给开发商。本案双方当事人签订的认购协议书以及商品房预售合同并未约定该贷款保证金由买受人承担,置业公司向被告收取的保证金不符合按揭贷款购房的交易习惯,故置业公司收取被告保证金无法律或合同上的依据,构成不当得利,应当予以返还。

【裁判评析】

本案系典型的商品房预售合同纠纷,主要的争议焦点有三个:第一,销售宣传页中"双阳台大赠送"属于要约还是要约邀请,阳台是否属于赠送的问题;第二,案涉房屋的买卖具体应当以"认购协议书""价格认可单",还是"商品房预售合同"为依据进行履行的问题;第三,关于"一口价"如何理解的问题。

一、关于房屋开发商的销售宣传页中"双阳台大赠送"属于要约还是要约邀请,阳台是否属于赠送的问题

在商品房预售阶段,开发商往往会使用沙盘、广告、视频等对外销售、宣传,售楼处的销售人员在销售宣传时也会进行承诺,对小区的卖点进行重点宣传,但这些宣传内容通常不会出现在商品房买卖合同中。由于购房者不能实际看到住宅、小区全貌等情况,开发商的销售、宣传会对购房者的购房决策产生影响,当买受人发现当初开发商宣传的内容没有实现时,该如何维权呢?是否可以追究开发商的违约责任呢？笔者基于《民法典》大背景，结合本案对商品房的销售广告和宣传资料的效力进行浅析。

首先，根据《最高人民法院关于审理商品房买卖合同纠纷案件适用法律若干问题的解释》第三条以及《民法典》第四百七十三条的规定，商品房的销售广告和宣传资料是否为合同内容的关键在于是否符合要约条件。司法实践中，一般从两个方面进行判断，一方面是开发商对规划范围内的房屋、相关设施所作的说明和允诺是不是具体的、确定的，另一方面是该说明和允诺是否会对商品房买卖合同的订立以及房屋价格的确定有重大影响。

其次，合同或补充协议中关于"开发商所作的售楼广告、售楼书、宣传资料、样板房、模型的画片、数据、照片、文字或其他与该房屋及或该房屋所在楼盘有关的资料仅为宣传目的而设立或提供，不列为本合同的附件或组成部分，购房者不得援引其中任何内容或信息以解释任何事项，或据以提出任何主张或要求"的约定，由于限制了购房者的权利，与购房者明显具有重大利害关系，如果开发商不能证明就上述条款内容向购房者履行了提示或说明义务，司法实践中很可能会被法院认定为不成为合同的内容。

本案中，被告王某认为"户型鉴赏"宣传页上载明的"双阳台大赠送"属于要约，原告某置业公司则认为"户型鉴赏"宣传页载明"双阳台大赠送"属于要约邀请。一、二审法院认为《商品房预售合同》仅显示该商品房阳台的情况是其中封闭阳台数为"0"，非封闭阳台数为"0"，并无赠送阳台的特别约定，难以解释为阳台是赠送的或者阳台面积不计算在房屋计价面积内。笔者对此持不同观点，笔者认为，销售宣传页中"双阳台大赠送"属于要约，应视为商品房买卖合同的内容。理由是：根据《民法典》第四百七十二条的规定，要约是希望与他人订立合同的意思表示，该意思表示的内容必须具体明确，表明经受要约人承诺，要约人即受该意思表示约束。而根据《民法典》第四百七十三条的规定,要约邀请则是希望他人向自己发出要约的表示。拍卖公告、招标公告、招股说明书、债券募集办法、基金招募说明书、商业广告和宣传、寄送的价目表等为要约邀请。商业和宣传的内容符合要约规定的,视为要约。本案中"户型鉴赏"宣传页属于商业宣传资料,内容具体明确,双阳台属于赠送的要约。再根据《最高人民法院关于审理商品房买卖合同纠纷案件适用法律若干问题的解释》第三条"商品房的销售广告和宣传资料为要约邀请,但是出卖人就商品房开发规划范围内的房屋及相关设施所作的说明和允诺具体确定,并对商品房买卖合同的订立以及房屋价格的确定有重大影响的,应当视为要约。该说明和允诺即使未载入商品房买卖合同,亦应当视为合同内容,当事人违反的,应当承担违约责任"的规定,原告某置业公司的"户型鉴赏"宣传页的"双阳台大赠送"具体明确,对商品房买卖合同的订立和房屋价格具有重大影响,影响购房人的心理,被告王某正是基于原告某置业公司在宣传资料中的说明和允诺才签订的合同,应当视为要约,应视为商品房买卖合同的内容。案涉《商品房预售合同》显示该商品房阳台的情况是其中封闭阳台数为"0",非封闭阳台数为"0",恰恰印证了阳台是赠送的或者阳台面积不计算在房屋计价面积内。故,按照实测面积116.92平方米减去赠送的双阳台面积8.675平方米,案涉房屋计价面积应为108.245平方米,而购房合同中记载的预测建筑面积110.08平方米,被告无须再补交差价。

至于原告某置业公司辩称的"在后期与业主不断地沟通和协商过程中,对房屋的价格都进行了变更,最终签订了价格认可单,'户型鉴赏'宣传页也就失去了其约束作用"。笔者认为,价格认可单并没有载明"阳台不再赠送",不能据此推断"户型鉴赏"已失去效力。"户型鉴赏"宣传页的"双阳台大赠送"具体明确,完全可以作为赠送阳台的特别约定。故,原告某置业公司主张被告王某应补交房屋差价缺乏事实和法律依据。

二、关于案涉房屋的买卖具体应当以"认购协议书""价格认可单",还是"商品房预售合同"为依据进行履行的问题

根据《最高人民法院关于审理商品房买卖合同纠纷案件适用法律若干问题的解释》第五条"商品房的认购、订购、预订等协议具备《商品房销售管理办法》第十六条规定的商品房买卖合同的主要内容,并且出卖人已经按照约定收受购房款的,该协议应当认定为商品房买卖合同"的规定,在商品房买卖过程中,当事人之间签订了多份合同,就合同性质而言,分为预约合同和本约合同。预约合同是约定将来订立一定合同的合同,本约合同通过履行预约合同而订立,具体约定了当事人之间的实体权利义务。区分预约合同还是本约合同,应审查认购协议是否具备《商品房销售管理办法》第十六条规定的商品房买卖合同的主要内容,包括当事人姓名或名称、商品房基本情况(房号、面积)、总价或单价、付款时间、付款方式、交付条件及日期等。本案中,从涉案认购协议、价格认可单的内容来看,双方仅约定了当事人的概况、房屋位置、暂定房号、暂定建筑面积、面积单价、总房款、预付款等,而未对涉案房屋的交付使用条件、交付日期以及办理产权登记有关事宜、违约责任等主要内容进行约定。同时,双方在《认购协议》中明确约定在一定期限内需要签订商品房买卖合同,说明双方有在将来订立正式房屋买卖合同的明确意思表示。综上,案涉房屋的买卖应以双方签订的《商品房预售合同》为依据进行履行。

三、关于"一口价"如何理解的问题

一、二审法院认为,价格认可单载明的"特价房一口价",根据正常理解应该是房屋单价。笔者持有不同的观点,笔者认为"一口价"应为合同总价,理由是:《商品房预售合同》第五条约定"商品房交付后,产权登记面积与合同约定面积发生差异,双方同意按所售房屋面

积最终以有资质的测绘公司实际测量为准,按面积差多退少补",该条款系基于预售合同的固有属性而形成,即针对非现房情况下的商品房进行预售时,预测面积与实际交付时的面积可能存在一定差异的这一客观情形而作出的约定。而案涉房屋在交易时为现房,原告关于案涉商品房的报价系基于房屋的现状即建筑结构、房屋面积、坐落位置、周边环境等等具体状况作出的承诺。因此,原告在销售现房的情况下,按套以一口价的方式出让给被告并最终达成交易,才真正体现双方的真实意思表示。原告是以按套一口价将案涉房屋出让给被告王某,按照一般社会性的消费理解,一口价商品即出卖方与买受方就所售商品进行一次性终局定价交易,系对整套现房优惠后的总房价,该价格应当是稳定且持续的,不因其他因素而增加或者减少。

【类案裁判】

1. 上海市第一中级人民法院(2020)沪01民终11533号民事判决书

裁判要旨:根据《最高人民法院关于审理商品房买卖合同纠纷案件适用法律若干问题的解释》第三条规定,商品房的销售广告和宣传资料为要约邀请,但是出卖人就商品房开发规划范围内的房屋及相关设施所作的说明和允诺具体确定,并对商品房买卖合同的订立以及房屋价格的确定有重大影响的,应当视为要约。该说明和允诺即使未载入商品房买卖合同,亦应当视为合同内容,当事人违反的,应当承担违约责任。本案中双方签订的《上海市商品房预售合同》及附件均未涉及"人车分流"及有可使用的游泳池,但根据钱某某、孙某某提供的搜房网房天下的销售宣传视频、网上的宣传资料等,明确显示富润公司在销售宣传时承诺有游泳池、地面、地面无停车位是"人车分流"的,该内容虽未载入合同,但该说明和允诺具体确定,会对钱某某、孙某某等购房者的购房决策产生直接影响,应当视为要约,不能直接被排除在合同约定之外,富润公司仍应受到相关约束。

2. 河南省开封市中级人民法院(2021)豫 02 民终 872 号民事判决书

裁判要旨:如何判断房开商在广告宣传中所作的说明和允诺是"具体确定"的,司法实践中采用的其实是一般人的理解,即这些广告内容如果从普通社会理性人的理解来看,有具体明确的标的或者指向。本案中,某置业公司仅仅在广告宣传彩页上印制了"健康科技豪宅让生活从免费开始""光伏发电入住免电费"等字样,并未对"免电费"的具体方式方法以及时间范围进行约定,因此,某置业公司该项广告宣传陈述不构成要约,不能认定该公司有违约行为。

3. 湖南省宁乡市人民法院(2021)湘 0182 民初 911 号民事判决书

裁判要旨:在判断出卖人在商品房销售广告和宣传资料中说明或允诺的内容是否对买受人商品房买卖合同的订立以及房屋价格有重大影响时,应该结合客观和主观进行判断。客观上,应考虑这些内容是否真的会影响房屋价格或者合同订立,且符合一般实际。主观上,应考虑买受人购买房屋的目的。本案中,被告公司的沙盘、宣传册等所展示的 7 街双数号商铺与酒店部分的空间位置及周边环境相对具体明确,是原告所购 7 街 166 号双数号商铺比与之相对应的 7 街 155 号单数号商铺售价高出 251 140 元的重要原因,即对商品房买卖合同的订立以及房屋价格的确定有重大影响,应当认定为合同内容。被告所开发建设的 7 街双数号商铺与酒店之间的实际建设情况与其沙盘及宣传册所展示的情况不符,直接影响原告对所购商铺周边环境的预期,超出了一个善良买受人的正常认知,被告的行为构成违约。

【法条索引】

《民法典》第四百七十二条、第四百七十三条、第四百九十六条、第五百零九条、第五百一十一条第四项、第五百七十七条、第九百八十五条;《最高人民法院关于适用〈中华人民共和国民法典〉时间效力的若干规定》第八条、第二十条;《最高人民法院关于审理商品房买卖合同纠纷案件适用法律若干问题的解释》第十四条。

案例 5

董某诉某旅游发展公司、赵某旅游服务合同纠纷案[①]

——如何认定服务合同中的安全保障义务

【案情简介】

2013年7月14日,原告董某向被告某旅游发展公司购买门票进入某旅游发展公司经营管理的景区旅游。2013年7月15日14时30分许,原告正在景区服务区乘车点等候景区内部巴士时,被第三人赵某驾驶的小客车撞倒,造成原告受伤的交通事故。2013年8月5日,县公安交通警察大队下达(2013)第20130715F001号《道路交通事故认定书》,第三人赵某承担该事故的全部责任,原告董某不承担责任。原告受伤后随即被送往某市人民医院住院治疗32天,待病情好转后,便转入离家较近的宝鸡市解放军第三医院住院治疗23天。2013年12月3日,原告在中国人民解放军第四军医大学西京医院进行第二次手术住院治疗,于2013年12月24日出院回家,在家及附近的医院进行康复治疗。原告认为,被告某旅游发展公司与原告之间系旅游合同关系,原告在被告某旅游发展公司管理的景区受伤,被告某旅游发展公司依法应当承担违约责任,赔偿

[①] 案例来源:修武县人民法院(2014)修民二初字第67号民事判决书,修武县人民法院(2015)修民重字第5号判决书。

原告的一切损失，双方经调解无效后，原告董某以合同违约案由起诉至法院。经法院现场勘验，另行确定案件事实：被告某旅游发展公司在事故发生地的景区服务区乘车点与通过该区域的公路相连一体，之间没有隔离措施，没有明确的道路与停车场之间的分界和警示标志。

被告某旅游发展公司辩称：原告所受的伤害是由责任非常明确的第三人赵某造成的，应由侵权人赵某承担责任；被告某旅游发展公司在整个事件过程中没有过错，不应承担原告主张的违约责任。

第三人赵某辩称：本人对案件事实无异议，也同意赔偿，但家境困难，无力赔偿。

【裁判结果】

(1) 被告某旅游发展公司于判决生效后 10 日内赔偿原告董某医疗费 244 385.32 元，误工费 42 182.7 元，护理费 49 436.95 元，住院伙食费 2 280 元，营养费 760 元，鉴定、检查费 1 815 元，交通费 4 363 元，残疾赔偿金 192 007.2 元，合计 537 230.17 元(已付 41 950 元，其中第三人赵某支付 31 950 元，保险公司支付 10 000 元)。

(2) 第三人赵某不承担责任。

(3) 驳回原告董某其他诉讼请求。

【裁判要旨】

原告购买被告某旅游发展公司景区门票，在被告某旅游发展公司管理的景区内旅游，说明原告和被告某旅游发展公司间的旅游服务合同成立，并合法有效。旅游经营者应当保障旅游者的人身安全，旅游经营者未尽到安全保障义务，造成旅游者人身损害，旅游者要求旅游经营者承担责任,人民法院应予支持。原告在被告某旅游发展公司管理的景区服务区乘车点等候景区内部观光巴士时,被第三人撞伤,给原告造成巨大损失,被告某旅游发展公司未尽到安全管理保障义务,原告要求被告某旅游发展公司承担违约责任,法院予以支持。

【裁判评析】

本案是一起典型的在服务合同履行过程中违反安全保障义务责任纠纷。本案主要的争议焦点是服务合同的提供者即被告某旅游发展公司是否尽到了合同中的"安全保障义务"。

近年来,在旅游过程中发生的人身损害纠纷愈见多发,不少法院都会认为旅游经营者未尽到抽象安全保障义务而令旅游经营者承担一定的赔偿责任,这实际反映了司法实践中对此类案件存在的"有损害即应有赔偿"的思维误区。这种惯性的形成,一方面是由于受长期以来以受害人为中心的审判思维影响,另一方面则是由于我国法律一直以来对于安全保障义务责任的规定过于原则和抽象,导致实践中对于安全保障义务的范围和合理限度缺乏客观判断标准,使得法官在裁判此类案件时容易不当扩大安全保障义务的范围和限度。通过对本案的分析,笔者致力于澄清认识误区,明晰安全保障义务的内涵、具体范围和程度,据而丰富此类案件的审理路径和裁判标准。

一、何为安全保障义务

安全保障义务又称为安全关照义务,安全保障义务最早形成于古罗马时代,并通过德国法的一般安全注意义务发展过来,是指在一定社会关系中当事人一方对另一方的人身、财产安全依法承担的关心、照顾、保护等义务。与此相应,违反安全保障义务的责任则是指侵权人未尽到法律法规所规定的,或基于合同、习惯等产生的对他人的安全保障义务,造成他人损害时应承担的赔偿责任。

安全保障义务已为我国法律、司法解释明文规定。2004年施行的原《最高人民法院关于审理人身损害赔偿案件适用法律若干问题的解释》第六条第一款规定,"从事住宿、餐馆、娱乐等经营活动或者其他社会活动的自然人、法人、其他组织,未尽合理限度范围内的安全保障义务致使他人遭受人身损害,赔偿权利人请求其承担相应赔偿责任的,人民法院应予支持",创设了安全保障义务。其后,2010年施行的原《侵权责任法》第三十七条首次以立法形式明确规定违反安全保障义务的侵权责任,填补了我国关于安全保障义务规定在法律层面上的空白,为受害人主张权利提供了请求权规范基础。2021年施行的《民法典》第一千一百九十八条第一款延续了原《侵权责任法》第三十七条的立法旨意,规定:"宾馆、商场、银行、车站、机场、体育场馆、娱乐场所等经营场所、公共场所的经营者、管理者或者群众性活动的组织者,未尽到安全保障义务,造成他人损害的,应当承担侵权责任。"

由此可见,安全保障义务的本质就是将社会交往中的一般风险在行为人与受害人等相关当事人之间进行分配。行为人是否怠于行使职责,是否履行了安全保障义务,是其是否承担责任的关键。本案被告公司所涉的营利性景区是向公众提供文化娱乐的场所,因此属于我国法律规定的安全保障义务主体,应当尽到安全管理、提供安全保障的相应义务。但在游客于景区内受到人身安全、财产损害时,是否应当由景区经营者、管理者承担民事责任还应结合对其违反该义务的判断而得出结论。

二、旅游经营者安全保障义务的边界范围

判定旅游经营者是否在合理范围内尽到安全保障义务,主要可

通过以下七个维度进行考量：第一，法定标准。如果法律、法规、规章或者操作规定等对于安全保障义务的范围有明文规定，则按规定进行认定，如《最高人民法院关于审理旅游纠纷案件适用法律若干问题的规定》第八条规定了旅游经营者的告知和警示义务。第二，合同标准。当事人如在旅游服务合同中对安全保障义务做了明确具体约定，则依约审查安全保障义务的范围，当然合同的相关约定不能违反法律法规的强制性规定。第三，行业标准。如果法律没有规定，当事人又没有约定，安全保障义务范围可以参照该行业的习惯注意义务[①]。第四，善良管理人标准。在没有前三者标准参照的情况下，安全保障义务人应当尽到一个善良管理人应当具有的注意义务。该标准虽然不要求管理人的行为完美无缺以至于在履行义务时不犯丝毫的错误，但要求管理人具备正常理性人的逻辑和常识，要谨慎小心、行为得当。在坚持以上标准之外，安全保障义务的合理范围还应结合安全保障义务人获益情况、安全保障义务人的风险控制能力、安全保障义务人采取防范措施的成本与潜在受危险人所可能遭受损失的比例、安全保障义务人对其所应当承担义务预见可能性的大小等因素，综合予以认定。第五，旅游经营者的客观能力标准。对旅游经营者的要求不应超出其在服务环境中能够达到或者应该达到的能力范围。第六，旅游经营者的服务范围标准。旅游经营者的责任范围应限于其经营或管理的场所、相关责任区域和所服务的活动进程；保障对象则限于受其邀请或与其存在合同关系故而进入该经营领域及活动范围的人员。第七，损害事件的成因及性质标准。若损害事件因偶发性、突发性因素或受害人自身原因等引发，旅游经营者难以或不可能预见，则旅游经营者的过错则随之减轻甚至不负过错。

[①] 李海鹰、孟雪苇：《论违反安全保障义务的侵权行为》，载《华东理工大学学报（社会科学版）》2007年第2期。

三、旅游经营者安全保障义务的具体内容

明确旅游经营者安全保障义务的具体内容，主要可以从旅游活动的两个方面进行考量。第一，事先保护和说明警示义务。即旅游经营者对其服务范围内的场所或活动中可能出现的危险是否提前做好防范与准备。如旅游活动可能需要的辅助工具、应急药物、防护用品等是否提前置备与发放，应急预案是否提前制作及是否合理，对旅游活动辅助人员是否做好必要技能培训，公共场所管理者对于公共措施是否尽到合理的管理及维护等。对在公共场所或经营管理场所可能发生危险的地方进行警示，提供景区范围及游览路线、设置危险警示标志及安全保护装置，对公共器材设施的使用进行必要说明，对旅游活动的注意事项、可能遇见的风险、依法免责事由等提前清晰告知，并结合旅游活动的具体进程在过程中持续进行提示和说明等。第二，事后救济义务。即事发后采取与能力、责任相匹配的合理措施主动积极实施救助，避免损害进一步扩大的行为。

四、第三人侵权责任与违反安全保障义务责任竞合时该如何处理

在无第三人侵权的情况下，安全保障义务人负有对不特定的社会公众提供安全活动环境、消除或防范不安全因素、保障他人人身和财产安全的基本法定义务。当存在第三人侵权的情况下，如安全保障义务人亦未在防范和制止他人侵害方面尽到合理限度的保障义务从而造成受保护人损害的，则产生第三人侵权责任与违反安全保障义务侵权责任的竞合，此时安全保障义务人承担的应当是"补充责任"，即承担与其过错程度和造成损害后果的原因力大小相适应的有限补充责任，而非第三人所不能承担或不足承担所余下的"全部"赔偿责任。其责任赔偿范围的大小与第三人赔偿责任的大小及受害人自身的过错程度有关，而不能绝对取决于第三人直接赔偿能

力的大小。①

就本案而言：首先，受害人董某受伤的直接原因系第三人赵某开车刹车失控被撞伤，有交警的事故认定书为依据，直接侵权人赵某应当承担主要责任；其次，董某受伤地点在景区服务区乘车点与通过该区域的公路相连一体，之间没有隔离措施，没有明确的道路与停车场之间的分界和警示标志及安全保护装置，被告某旅游发展公司作为景区管理者显然并未充分尽到安全保障义务，存在一定过错，被告某旅游发展公司也仅是根据自身的过错程度，在其能够防止或者制止损害的范围内承担相应的补充赔偿责任。笔者认为，本案宜由赵某承担原告全部损失 537 230.17 元，某旅游发展公司在原告上述损失 20% 的范围内（即 537 230.17×20%＝107 446.034 元）承担补充责任为宜，承担补充责任后，某旅游发展公司可以向赵某追偿。

需要说明的是，在第三人侵权的情况下，安全保障义务人违反安全保障义务承担补充责任的，举证责任分配规则应当遵循"谁主张谁举证"的一般性规则，由权利主张人举证证明侵权人存在过错，即由受害方董某举证证明某旅游发展公司在本案中未尽到合理安全保障义务，或由法院根据所查明的事实依法予以认定，而不应当由某旅游发展公司承担已尽到安全保障义务的消极举证责任。一审法院对以上事实的举证责任分配有误，对造成损害后果各方过错及原因力大小的认定有偏差。

安全保障义务的设定在一定程度上在于平衡利益和分配社会正义，在确认安全保障义务归责原则时应当清楚地认识并正确把握好这种平衡作用，在对受害人提供必要的保护的同时，不能不考虑对安全保障义务人课以过重的无过错责任所带来的消极作用。正如王泽

---

① 何燕宇：《第三人侵权下安全保障义务人补充责任研究》，云南大学 2019 年硕士毕业论文。

鉴先生所言:"在结果责任主义之下,若有损害即应赔偿,行为人动辄得咎,行为之际,瞻前顾后,畏缩不进,创造活动甚受限制;反之,依过错责任原则,行为人若已尽相当注意,即可不必负责,有助于促进社会经济活动。"[①]因此,在司法实践中需要根据个案判断,将价值考量和利益衡平作为处理各种社会关系或冲突的重要因素,这样才能做到真正的公平、公正。

【类案裁判】

1. 广东省广州市中级人民法院(2019)粤01民再273号

裁判要旨:公共场所经营管理者的安全保障义务,应限于合理限度范围内,与其管理和控制能力相适应。完全民事行为能力人因私自攀爬景区内果树采摘果实而不慎跌落致其自身损害,主张经营管理者承担赔偿责任的,人民法院不予支持。

2. 福建省厦门市思明区人民法院(2020)闽0203民初1098号民事判决书

裁判要旨:旅游活动的经营者和组织者应当保障旅游活动参加者的人身安全,但这种安全保障义务的范围和程度应当与旅游活动经营者和组织者的法定或合同义务、客观能力、责任范围和突发事件的成因及性质相匹配。

3. 新疆维吾尔自治区乌鲁木齐市中级人民法院(2020)新01民终1257号民事判决书

裁判要旨:安全保障义务是法律在调整商业活动秩序中,依据诚信及公平原则,为经营服务场所的所有者、管理者、经营者等设定的法定义务。在公共场所中,因第三人侵权造成他人损害的,若负有

---

① 王泽鉴:《侵权行为法》,第1册,中国政法大学出版社2001年版。

安全保障义务的主体在侵权行为发生时未在合理范围内尽到安全保障义务,则第三人侵权责任与违反安全保障义务的特殊侵权责任产生竞合,安全保障义务人承担与其过错程度及造成侵权后果原因力大小相适应的补充赔偿责任。

【法条索引】

《民法典》第一百八十六条、第五百九十三条、第一千一百九十八条;《消费者权益保护法》第十八条;《最高人民法院关于审理旅游纠纷案件适用法律若干问题的规定》第七条、第八条;2004年施行的原《最高人民法院关于审理人身损害赔偿案件适用若干法律问题的解释》第十七条第一款。

案例 6

天津某燃气设备有限公司与河南某特种装备有限公司定作合同纠纷案[①]

——合同约定的"定金"一定适用"定金罚则"吗

【案情简介】

原告天津某燃气设备有限公司与被告河南某特种装备有限公司于2015年4月5日签订了名为"销售合同"实为承揽合同中的"定作合同"。合同约定,被告为原告加工规格型号为YTY42000,适用介质NG,进口压力2.8—5.3 MPa,出口压力2.8—5.0 MPa的一套调压计量撬,价格总计80万元。合同约定发货时间为被告告知原告发货时间后60天交货,付款时间为合同签订后预付总合同额的20%(即16万元)作为定金,发货前付总合同额的60%(即48万元)的货款,设备安装调试合格后付总合同额的10%(即8万元),并开具全额发票。合同签订后原告按合同约定已于2015年8月20日完成定作任务,被告根据合同约定支付了16万元,但迟迟不依约付款和提货,2015年11月12日原告向被告下达了《履约通知书》,要求被告履行合同,被告于2016年1月26日对原告履约通知进行了回复,答应2016年4月15日依约付款提货,至今被告未付款及提货。原告天津某燃气设备有限公司向法院提出诉讼,请求判令:① 被告立即支付

[①] 案例来源:河南省辉县市人民法院(2017)豫0782民初2949号民事判决书。

总货款80万元及利息(利息从2015年8月20日起按中国人民银行同期贷款利率的1.5倍计算至被告实际付清货款之日);② 被告支付的定金16万元不予返还;③ 被告承担自2015年8月20日至起诉之日整套设备在原告留置期间的保管、保养、仓储、占地费用2.06万元,之后相关费用按照每天30元计算。被告河南某特种装备有限公司辩称:合同已无履行必要,应当解除合同,不再支付剩余货款。

【裁判结果】

(1) 被告河南某特种装备有限公司于本判决生效后10日内支付原告天津某燃气设备有限公司货款640 000元,并从2016年4月15日起按中国人民银行同期贷款利率的1.5倍支付640 000元货款的逾期利息至实际履行时止。

(2) 被告河南某特种装备有限公司于本判决生效后10日内支付原告为其垫付的2015年8月20日起至起诉之日止的保管费2.06万元,并支付2017年7月24日至货物提走时的保管费用(每天按30元计算)。

(3) 驳回原告其他诉讼请求。

【裁判要旨】

当事人应当按照约定全面履行自己的义务。当事人一方不履行合同义务或者履行合同义务不符合约定的,应当承担继续履行或者赔偿损失等违约责任。本案中原被告双方于2015年4月5日达成了协议,双方约定应于2015年8月20日付款提货,被告未按协议履行。原告于2015年11月12日向被告送达了书面履约通知,被告公司收到履约通知后也书面承诺于2016年4月15日依约付款提货,被告再次逾期未履行,其行为构成了违约。依照法律规定被告应继续履行合同并赔偿违约给原告造成的损失。原告主张被告仍应支付80万元货款及80万元货款的逾期利息超过法律规定,因被告签订合同时已支付原告定金16万元,依照原《中华人民共和国合同法》(以下简称《合同法》)第一百一十五条①之规定,定金应当抵作价款,定金抵作价款后,剩余货款为64万元,故法院确定被告应支付原告货款为64万元;原告要求定金不予返还,不抵作价款的请求违反原《合同法》第一百一十五条②之规定,法院不予支持。

【裁判评析】

本案系典型的承揽定作合同纠纷,本案主要的争议焦点有四个:第一,关于被告之前交付的16万元定金应否退还问题;第二,关于本案双方签订的合同性质问题;第三,关于被告河南某特种装备有限公司是否有权主张解除案涉合同问题;第四,关于法院能否依职权直接判决解除案涉合同问题。

一、关于被告之前交付的16万元定金应否退还的问题

定金制度作为一项有悠久历史传统的民事法律制度,其基本功能是担保,而这种担保功能是通过惩罚性规则,即定金罚则实现的。定金惩罚性的法律效果,可能发生在给付定金的一方,也可能发生在收受定金的一方,为双方当事人均提供了履行保障。给付定金的一

---

① 原《合同法》第一百一十五条:"当事人可以依照《中华人民共和国担保法》约定一方向对方给付定金作为债权的担保。债务人履行债务后,定金应当抵作价款或者收回。给付定金的一方不履行约定的债务的,无权要求返还定金;收受定金的一方不履行约定的债务的,应当双倍返还定金。"该法条现已失效。

② 原《合同法》第一百一十六条:"当事人既约定违约金,又约定定金的,一方违约时,对方可以选择适用违约金或者定金条款。"该法条现已失效。

方不履行债务的,无权要求返还定金;接受定金的一方不履行债务的,应当双倍返还定金。定金是担保合同债务履行的一种方式。

合同约定的"定金"一定是定金吗?《民法典》第五百八十六条、第五百八十七条、第五百八十八条对于定金、定金罚则、违约金与定金的选择作出规定。根据规定,定金的性质为债权的担保;收受定金的一方不履行约定债务或者履行债务不符合约定,致使不能实现合同目的的,应当双倍返还定金。因此,定金与预付款、留置金、担保金、保证金、订金或者押金的本质区别为定金的债权担保属性,应当结合双方合同约定的内容加以审查认定。预付款、留置金、担保金、保证金、订金或者押金不具有债权担保属性,如果收受预付款、留置金、担保金、保证金、订金或者押金的一方不履行约定债务或者履行债务不符合约定,致使不能实现合同目的的,应当按照合同约定承担违约金或是赔偿金。因此,人民法院在审理双方约定的款项是否为定金以及是否适用定金罚则时应当把握以下两个标准:一是合同是否约定款项具有担保属性,即合同是否足以明确已交付的款项作为履约担保;二是合同是否约定双倍返还定金条款。如果合同已交付的款项符合以上两个标准之一,人民法院应当认定该款项为定金;如果合同已交付的款项不符合以上两个标准,即便合同载明该款项为定金,也不应认定该款项为定金并适用定金罚则。

对于本案定金罚则的适用,存在两种观点:一种观点认为被告河南某特种装备有限公司之前交付的 16 万元定金实质上应为预付款,应当冲抵货款,跟法院判决观点一致;另外一种观点认为,既然被告河南某特种装备有限公司违约的事实存在,那么按照"定金罚则",被告公司之前交付的 16 万元定金不应再予以退还,这也是对被告违约行为的一种惩罚。笔者赞同法院的判决,之前交付的 16 万元虽然名为"定金",但并未明确约定违约方向守约方双倍返还定金或不予退还定金,其法律特性实为预付款。故,本案不适用定金罚则。

由此可见,合同中将某笔款项约定为"定金",未必就一定起到定金的担保作用,需要结合当事人的真实意思表示以及合同实际履行过程中对于该定金的处理来综合判定。保险来看,最好在约定某笔款项为"定金"的同时,也约定适用定金罚则。同时,在双方约定该条款的过程中,也要明确这笔款项是具有担保作用的定金,而不能只是在合同中一笔带过。

二、关于本案双方签订的合同性质问题

双方当事人于 2015 年 6 月 18 日签订的合同虽然名为"销售合同",但从该合同及合同附件《技术协议》约定的权利义务内容来看,原告天津某燃气设备有限公司是根据被告河南某特种装备有限公司定作要求的规格、尺寸、大小和技术指标,依约设计了技术图纸、编排了生产工艺、购买了各类配件及设备、投入了前期投入的全部资金,利用自己的原材料、技术、设备和劳动进行加工制作调压计量撬专用产品,符合定作合同的特征,故本案合同的性质应确定为承揽定作合同纠纷。

三、关于被告河南某特种装备有限公司是否有权主张解除案涉合同问题

根据承揽合同的特殊性质,《民法典》第七百八十七条①规定,当定作人不再需要委托承揽人加工的工作成果时,赋予定作人解除合同的法定权利,其目的在于使承揽人的工作不再继续,避免双方损失的扩大,并以此避免社会资源的浪费,旨在维护双方利益。由此可见,该规定并不意味着定作人的合同解除权不受任何限制,为均衡双方利益,

---

① 《民法典》第七百八十七条:"定作人在承揽人完成工作前可以随时解除合同,造成承揽人损失的,应当赔偿损失。"

定作人合同解除权的行使应受时间限制,即定作人的合同解除权仅存续于承揽人未完成工作期间,如承揽人已按约完成加工工作,即使工作成果尚未交付,定作人亦不得任意解除合同。现被告河南某特种装备有限公司在原告天津某燃气设备有限公司加工工作完成后提出的解除承揽定作合同的诉讼主张与法相悖,不应得到法律支持。

本案中,首先从事实上看,本合同已经得到部分履行,被告河南某特种装备有限公司没有提供证据证明存在情势变更的情形,也没有证据证明承揽工作对其没有实际意义;相反,被告河南某特种装备有限公司的"回复函"中明确承认是因自己的安装进度导致无法按期提货,由此可见,被告河南某特种装备有限公司并没有解除合同的意思表示,原告天津某燃气设备有限公司也无拒绝交货的意思表示,反而表示货物已经做好。被告河南某特种装备有限公司仅仅在诉讼中提出解除部分合同的主张违背诚信原则,并且不合法,不能得到支持。况且即使解除合同,还涉及赔偿损失。因此,虽然《民法典》规定定作人可以随时解除承揽合同,但定作人仍需遵守必要的法定限制以及民法的基本原则——诚实信用原则。

四、关于法院能否依职权直接判决解除案涉合同问题

根据我国《民法典》的相关规定,合同解除权赋予了合同当事人,而没有赋予人民法院(基于情势变更原则解除合同时除外)。合同解除权是一方当事人依法律规定自行行使,致使合同效力消灭的单方意思表示,是单方行使的权利,原则上是当事人的一种民事权利,不能由法院代为行使。只有在对方当事人提出对合同解除有异议、向法院请求确认解除合同的效力时,法院才能审查合同解除是否符合法律规定的情形,解除合同是否有效。除当事人所诉事项符合情势变更原则外,合同解除权的行使要慎之又慎,人民法院不能依《民法典》第七百八十七条直接判决解除合同。

【类案裁判】

1. 最高人民法院(2015)民申字第 469 号裁定书

裁判要旨：合同虽然约定某款项为"定金"，但并未约定适用定金罚则，其不属于定金担保，其法律特性实为预付款。本案中，某生公司与某北公司在 2012 年 5 月 18 日签订的《买卖合同》中约定，双方于 2011 年 3 月 18 日共同签署的《买卖合同》所剩余的预付款 2 756 146.3 元作为本合同的定金，同时约定每批次货款抵扣定金。此外，双方还明确约定了违约责任，但并未约定适用定金罚则。因此，上述款项虽名为"定金"，但其不属于定金担保，其法律特性实为预付款。

2. 福建省厦门市同安区人民法院(2019)闽 0212 民初 5270 号民事判决书

裁判要旨：定金担保性质的认定以及定金罚则的适用应当把握三个方面：一是双方是否约定定金作为债权的担保；二是双方是否明确约定违约方向守约方双倍返还定金且另行约定违约金；三是当事人是否一并主张双倍返还定金及违约金。

3. 广东省深圳市中级人民法院(2019)粤 03 民终 27659 号案判决书

裁判要旨：因双方在合同中并未约定适用定金罚则的情形，在合同履行过程中，亦曾将定金抵作货款，并没有将定金作为违约担保之意，因此，某半导体公司请求某电子公司双倍返还定金，缺乏依据，法院不予支持。

4. 广东省深圳市中级人民法院(2020)粤 01 民终 16245 号民事判决书

裁判要旨：关于本案是否适用定金罚则。《产品销售合作协议》

中虽然出现了"定金"字样,却没有对定金罚则作出明确的约定,且将合同总价款的50%作为定金也不符合《合同法》《担保法》中关于定金数额上限的规定。其次,某电子商行在支付160万元、5万元两笔款项时,在相应的转账凭证中说明了该两笔款项分别为"往来款"及"货款",某医药公司在收到165万元款项后在开具的收据上也使用"货款"而非"定金"字样。再者,《产品销售合作协议》第五条第三款、第六条第三款分别详细约定了逾期交货违约责任和恶意转卖违约责任,可见165万元"定金"应认定为货款,本案不适用定金罚则。

【法条索引】

《民法典》第五百零九条、第五百六十二条、第五百七十七条、第五百八十六条、第五百八十七条、第七百七十条、第七百八十七条。

案例 7

项某与赵某、王某、焦作某汽贸公司民间借贷纠纷案①

——未经公司同意的情况下,在借款协议上加盖公司真公章,能否代表公司行为

【案情简介】

被告赵某向原告项某借款20万元,原告项某于2013年7月8日向被告赵某转账20万元,被告赵某于同日向项某出具借条,载明:今借到项某现金贰拾万元整,月息壹分捌,叁个月一结。被告赵某在借款人处签字,并加盖被告某汽贸公司公章。被告赵某于2016年9月2日出具还款计划承诺书,载明:本人赵某欠项某现金贰拾万元整,本人自愿承诺从2016年9月份开始,在伍年内还完此款,其中每年还款肆万元。若本人未按时还款,本人自愿承担一切责任。另查明,被告赵某与王某原系夫妻关系,于2009年9月4日登记结婚,2014年11月7日离婚。被告某汽贸公司于2013年3月11日成立,被告赵某原系该公司股东,翟某系法定代表人;2015年8月12日该公司股东变更为司某、龙某,公司法定代表人变更为司某。原告项某认为,三被告某汽贸公司、赵某、王某应共同偿还原告借款本金20万

---

① 案件来源:河南省焦作市山阳区人民法院(2018)豫0811民初507号民事判决书,焦作市中级人民法院(2018)豫08民终1530号民事判决书。

元及利息,但至今分文未还,故诉至法院。

被告某汽贸公司辩称:对本案所涉借款不知情,不应承担还款责任。

被告赵某辩称:借款款项是我本人用,并没有用于公司经营,在被告某汽贸公司完全不知情的情况下,我本人私自在欠条上加盖被告某汽贸公司公章,该笔借款与被告某汽贸公司无关,我本人愿意承担责任。

被告王某辩称:我与被告赵某于2009年9月4日结婚,2014年11月7日离婚。被告赵某与项某之间的借款,我根本就不知情。根据我与赵某的离婚协议书约定"双方任何一方对外负有债务的,由负债一方自行承担",本案原告起诉的借款不属于夫妻共同债务,我不应当承担还款责任。

【裁判结果】

一审判决:① 被告赵某、某汽贸公司应自本判决生效之日起10日内支付原告项某借款20万元并支付利息(以20万元为基数,自2015年1月起至本判决确定的还款之日止,按月利率1.8%计算);② 驳回原告项某的其他诉讼请求。

被告某汽贸公司不服提起上诉,二审驳回上诉,维持原判。

【裁判要旨】

被告赵某、某汽贸公司向项某借款并约定利息,借款合同依法成立。原告项某起诉要求被告赵某、某汽贸公司返还借款并支付利息,理由正当,予以支持。因涉案借款明显超出家庭生活需要,且原告未能举证证明该借款用于被告赵某、王某的夫妻共同生活、共同生产经营或者基于夫妻双方共同意思表示,故原告要求被告王某承担还款责任于法无据,不予支持。被告某汽贸公司辩称对本案所涉借款不知情,不应承担还款责任,理由不足,不予采纳。被告某汽贸公司辩称在公司转让过程中,三位股东向现任法定代表人承诺没有外债,如有外债由其三人承担,该约定系其内部约定,某汽贸公司可在承担还款责任后另行诉讼解决。

【裁判评析】

本案主要争议焦点是在未经公司同意的情况下,在借款协议上加盖公司真公章,能否代表公司行为,公司是否应承担责任问题。笔者认为,公司不应当承担责任,具体理由分析如下。

第一,根据2019年发布的《全国法院民商事审判工作会议纪要》上的总结,公司盖公章的效力主要还是要看持有公章的人是否可以代表公司,是否为法定代表人或取得授权代表的人,背后的实质还是看人的代表性或授权。而公章则是应公安部门、工商部门管理的需要而刻制的,是一些企事业单位审核材料是否来自公司意志的依据之一,所以现实中,虽然公章对外有推定代表公司意志的作用,但这个代表似乎并没有直接的法律规定。换言之,公章代表公司没有足够的法定性和排他性。笔者认为,本案中,赵某仅仅是公司原股东,既非法定代表人,也非公司授权代理人,故其签字盖章的行为不能代表公司有借款的意思表示,一、二审法院仅以借条上盖有某汽贸公司的公章就据此判决某汽贸公司承担还款责任,实属不当。

第二,根据《最高人民法院关于审理民间借贷案件适用法律若干问题的规定》,借贷关系存在与否,是否真实发生,除了看借据、欠条外,还要结合借贷关系发生原因、借款用途、款项流向、借贷双方关系及当事人的财产变动等综合因素来判断,也就是说不能仅凭借条或欠条就认定借贷关系的存在。而在本案中,一、二审法院仅凭借条上有某汽贸公司的签章就据此认定某汽贸公司为共同借款人,既违背了客观事实,也违背了法律精神。

第三,本案借贷关系中到底是个人借款、公司借款还是共同借款,一、二审法院并未查清。在本案中,某汽贸公司既没有收到涉诉款项,也没有使用过涉诉款项,更未支付过任何本金和利息,某汽贸公司与赵某和出借人项某之间从未发生过任何经济往来。从借款发生时的2013年7月至今,项某从没有找某汽贸公司主张过涉诉债权,2016年9月2日的还款承诺书上也没有某汽贸公司的盖章,这更印证了某汽贸公司并非实际借款人的事实。相反,涉诉借款的收款人和利息支付人都是赵某个人,赵某本人在庭审中也承认所借款项用于个人使用,借款行为系其个人行为,与公司无关,盖章行为是其个人私自行为,公司并不知晓,故某汽贸公司并非实际借款人。

那么接下来一个相关实务问题是,仅有法定代表人或代理人的签字,合同未加盖公章的,能否认定为公司的行为?笔者认为,根据签字等同于盖章的规则,加之盖章问题的本质在于是否有代表权、代理权,故只要有证据证明法定代表人、代理人以公司名义而非自身名义签订合同的,就应认定为公司行为,由公司承担法律后果。依据是《民法典》第四百九十条第一款规定,当事人采用合同书形式订立合同的,自当事人均签名、盖章或者按指印时合同成立。在签名、盖章或者按指印之前,当事人一方已经履行主要义务,对方接受时,该合同成立。

【类案裁判】

有关公司公章效力问题的司法认定,笔者检索到与该问题相关的部分法院案例及裁判观点,供读者参考。

一、真印章,合同居然无效①

安徽省高级人民法院(2010)皖民二终字第00073号判决书

裁判要旨:《最高人民法院关于民事诉讼证据的若干规定》第二条第一款规定:"当事人对自己提出的诉讼请求所依据的事实或者反驳对方诉讼请求所依据的事实有责任提供证据加以证明。"本案中,某商贸公司主张750万元的借款,提供了借条、转款凭证、姜某和葛某某的电话录音及在公安机关的陈述、《资金到位明细表》等主要证据。对于上述证据,一方面,借条上加盖的印章虽真实,属于某发展公司所有,但借条打印在某发展公司的信笺上,且借条上印章属于黑压红,即先盖章后打字,不符合行文习惯。故借条的形成有违常规,本身存在明显瑕疵,不能单独作为认定本案借款关系是否存在的依据,还应结合相关证据来进一步判断。

另一方面,某商贸公司的其他证据不能佐证涉案借款关系事实的存在。姜某、葛某某虽陈述存在750万元借款关系,但明确拒绝为某商贸公司出庭作证,两人陈述亦无相关证据加以佐证,且与王某某在公安机关的询问笔录、王某某的陈述所反映的事实存在明显矛盾。因此,姜某、葛某某的证言不能作为认定案件事实的依据。《资金到位明细表》虽记载某发展公司有向某商贸公司借款750万元的事实,但因该证据系复印件,无任何人的签字,亦无其他相关证据印证,不具有证据的资格,亦不能作为认定案件事实的依据。此外,某商贸公司不能提供证据证明其在诉状中陈述的多次催要借款及某发展公司偿还50万元的借款回报的事实。某商贸公司二审提交的证据,不符合《最高人民法院关于民事诉讼证据的若干规定》第四十一条规定的"新的证据"情形,不属于二审新证据,且无法证明其所主张的事实。

---

① 参见"WeLegal公司法务联盟"微信公众号。

二、伪造的印章,合同判有效[①]

1. 最高人民法院(2016)最高法民申 255 号民事裁定书

裁判要旨:虽已有生效刑事判决书认定公章系伪造,但某实业公司对假公章的存在、使用是知晓的,由于其明知公章存在并使用而未采取措施防止相对人的利益损害,故判令其对加盖伪造公章的合同承担责任。

2. 最高人民法院(2015)民申字第 3402 号再审民事裁定书

裁判要旨:湛江某建筑工程公司主张《租赁合同》上湛江某建筑工程公司及 600mw 项目部的印章均系梁某某私刻,不代表其真实意思表示,合同应无效。但因梁某某与湛江某建筑工程公司之间存在挂靠关系,足以使白某某有理由相信印章的真实性以及梁某某得到了湛江某建筑工程公司的授权,故梁某某的行为构成表见代理,其行为后果应由湛江某建筑工程公司承担。湛江某建筑工程公司主张租赁合同无效、其不应承担相应法律后果无法律依据,法院不予支持。梁某某的询问笔录不属于新证据,亦不足以推翻原审判决。梁某某私刻印章涉嫌犯罪与本案租赁合同纠纷不属于同一法律关系,本案审理也不以刑事案件的结果为依据,本案无须中止审理或驳回起诉。

三、公章与备案不一致,合同有效

最高人民法院(2015)民申字第 2537 号再审民事裁定书

裁判要旨:《担保保证书》上加盖的"青海某矿业开发有限公司"印文,虽经该公司自行委托的鉴定机构认定与其在西宁市公安局备案的印章不符,但该公司确认其曾使用过的公司印章不止一枚,洪某难以有效识别《担保保证书》上加盖的"青海某矿业开发有限公司"印章是否为该公司曾使用过或正在使用或在公安局备案登记的印章。

[①] 参见"WeLegal 公司法务联盟"微信公众号。

本案并非《最高人民法院关于在审理经济纠纷案件中涉及经济犯罪嫌疑若干问题的规定》第五条第一款规定的情形。因此,二审判决认定两份《担保保证书》均对青海某矿业公司具有法律约束力、青海某矿业公司应当向洪某承担担保责任,并无不妥。

【法条索引】

《民法典》第六十一条、第六十二条、第一百七十条、第一百七十一条、第一百七十二条、第四百九十条、第五百零四条、第六百六十七条、第六百七十六条;《公司法》第十三条、第十六条;《民事诉讼法》第四十八条;《最高人民法院关于适用〈中华人民共和国民事诉讼法〉的解释》第五十条;《全国法院民商事审判工作会议纪要》第四十一条。

案例 8

王某与陈某、河南某达公司民间借贷纠纷案[①]

——明股实债的司法判定

【案情简介】

2018年11月22日,原告王某作为投资方、被告河南某达公司作为被投资方签订《天使投资协议》,约定公司法人陈某发起融资30万元,出让3%股份,由投资人向被投资方法人代表的银行账户以现金的形式进行转账,于2018年12月20日前完成转账;利润分配和风险承担为发展基金30%+员工与管理层奖金5%=红利(按股份比例分配);各股东对企业债务的承担,是以其当期在本企业拥有的股份比例为限。被告陈某在该投资协议的被投资方处签名,原告王某按该协议约定陆续向被告陈某支付30万元。后被告陈某作为被告河南某达公司代表人与原告签订《天使投资合同补充条约》,约定双方投资合同已于2018年11月22日签订完成,河南某达公司保证在合同签订日起三年内完成对投资方的资本回收即保证投资人三年内获取的现金收益最低与投资金额相等,如若河南某达公司未完成此项承诺,则每年的甲方(某达公司)收益50%优先直接结算给王某,直

[①] 案例来源:焦作市山阳区人民法院(2020)豫0811民初5513号判决书,河南省焦作市中级人民法院(2021)豫08民终1306号民事判决书。

至完成王某的资本回收之后,重新按照股份比例分红或另行协商。2020年7月10日,被告河南某达公司应原告王某的要求向其出具了股东身份证明,载明王某持股比例为3%。原告王某曾于2020年7月29日向某法院提起诉讼要求支付股东分红,起诉状中的内容中写明"将河南某达公司股权的3%归原告(王某)所有……原告所持有的股权在被告陈某的名下……"。

经查,被告河南某达公司成立于2018年1月31日,类型为有限责任公司(自然人投资或控股),注册资本100万元,被告陈某持股比例99%、张某持股比例1%。2020年10月19日,被告河南某达公司法定代表人、执行董事兼总经理由陈某变更为孙某。

原告王某诉称:王某将款项支付给陈某,河南某达公司向王某出具了保本付息的协议,本案名为投资实为借贷,现被告河南某达公司至今未偿还原告借款本金及利息,故诉请判令被告河南某达公司偿还原告借款30万元及利息;因被告陈某与被告河南某达公司存在财产混同、人格混同,故诉请被告陈某对河南某达公司债务承担连带责任。

被告河南某达公司辩称:本案系股权投资法律关系,而非民间借贷纠纷,故原告应自担投资风险,我公司不应偿还原告借款本金及利息。

被告陈某辩称:我接受王某的款项是依据原告王某与被告河南某达公司的投资协议的约定,不存在财务混同,仅凭我接受款项的事实就认定我与公司构成人格混同,不合理地减轻了原告王某的举证证明责任。故,我本人不应承担责任。

【裁判结果】

一审判决:被告河南某达公司于本判决生效之日起10日内向原告王某偿还借款30万元及利息;被告陈某对上述债务承担连带清

偿责任;驳回原告王某的其他诉讼请求。

两被告不服均提起上诉,二审驳回上诉,维持原判。

【裁判要旨】

一审法院认为:被告陈某以被告河南某达公司的名义与原告王某签订《天使投资协议》,虽将此前原告支付给被告陈某的30万元约定为投资,但两被告未提供证据证明原告支付的款项登记在河南某达公司的注册资本中,原告亦未因支付该款项而成为该公司登记股东。同时,双方签订的《天使投资合同补充条约》,对投资款的资本回收进行了保本约定。在此情形下,不宜将原告支付给陈某的款项认定为对河南某达公司的投资款,而应认定为名为投资实为借贷的借款。被告陈某时任河南某达公司法定代表人,其以个人账户接收原告支付给河南某达公司的款项后,未举证证明将该款项转入公司账户并用于公司经营开支,两被告在财产上混同,应承担连带责任。

二审法院认为:根据王某与河南某达公司签订的《天使投资协议》和《天使投资合同补充条约》的约定,王某将案涉款项投入河南某达公司,其投资目的并非取得河南某达公司的股权,而仅是为了获取固定收益,王某不参与河南某达公司的经营,也不承担该公司的亏损风险,故不具备投资的"收益共享、风险共担"的特征,而符合借款的"固定回报、不担风险"的特征,因此,本院对王某与河南某达公司之间的民间借贷关系予以确认;本案中,涉案款项转入陈某的个人账户,签订协议时陈某任河南某达公司的法定代表人,系河南某达公司占股99%的控股股东,其对收到上述款项后的用途未作出合理说明,亦未提交证据证明案涉款项转入河南某达公司或用于公司经营开支,故可以认定陈某的行为使其与河南某达公司在财产上混同,有可能损害债权人的利益,故一审法院认定陈某、河南某达公司构成公司法人人格混同并无不当,陈某应就案涉借款承担连带责任。

【裁判评析】

本案主要争议焦点是原告王某与被告河南某达公司之间是民间借贷法律关系,还是股权投资法律关系。

我国法律确立股权与债权两分理念,在《民法典》《公司法》中适用不同的法律规则,具有不同的法律地位,有着明显的区分和清晰的法律界限。股债两分构成了公司融资及治理结构的基础,从根本上影响着资本市场法制的价值体系构造与具体规则设计。但是随着我国商事实践的不断发展,企业融资的经济现实中,股与债常常被混合使用,股债交融的现象非常普遍。市场主体在复杂的投资融资活动中逐步形成了各种新的交易模式,明股实债是投资模式创新的产物,其性质的司法认定一直未形成定论,属于实务难点。司法实践中,对于其合法性、合同性质及效力存在不同认识,缺乏明确的裁判标准,既出现了认定为"股权"的判决,也出现了认定为"债权"的判决。对于明股实债属于"股权"或"债权"的认定标准、穿透式探寻当事人真意抑或是保护商事外观主义等裁判方式选择,都需要进一步探讨。

明股实债(又称名股实债)并不是一个立法上的法律术语,而是司法实践对社会商业活动中发生的一类新型投资模式的概括。它是指投资回报不与被投资企业的经营业绩挂钩,不是根据企业的投资收益或亏损进行分配,而是向投资者提供保本保收益承诺,根据约定定期向投资者支付固定收益,并在满足特定条件后由被投资企业赎回股权或者偿还本息的投资模式。在实践中,这种投资模式对于投资方来说以股权形式进行投资,但约定获得固定收益、安全收回远期本金,满足投资收益的要求;对于融资方来说具备能够解决一些融资难题,在不占用授信额度、优化报表的基础上,进一步扩大自身股权本金,满足经营资金需求等优点。①

明股实债的通常操作模式是投资方将资金以股权投资的方式投入目标公司,包括增(出)资入股、股权转让等形式,并签订《股权投资协议》,投资方基于相关股权投资协议取得股东或隐名股东身份。各方在投资协议中特别约定三个方面内容:一是投资方不承担股权风险,不按股份比例分红,只是取得固定的、保本保息的投资收益,收益与目标公司经营状况无关;二是投资方在投资期限内只是名义股东,不作为股东行使权利,不参与企业日常经营与决议,即使参加也仅仅参与重大事务决策事项;三是投资方在协议约定的期间届满或特定条件成就时由目标公司回购、原股东及其关联方回购,或通过特定股东优先分红、履行对赌协议等方式退出目标公司,获得固定投资收益。因此,也有观点认为明股实债实质上属于具有刚性兑付的保本约定。

司法实践中认定股权或债权投资的考量因素有哪些? 笔者认为,主要考量因素有如下几点:第一,是否取得固定收益回报。股权投资的基本属性是投融资双方利益共享,风险共担,这也是法院认定明股实债的主要原则。如果协议约定投资方不承担公司风险、仅获得固定收益,这明显与公司股东共担风险、共享收益的原则相悖,被认定为明股实债的可能性就会较大。如投资目的并非获取固定收益,投资方按照经营业绩或其他约定有条件分配收益,则倾向于将其认定为一般的股权投资。第二,是否参与公司经营。股权投资法律关系中,投资人意欲取得公司股权,往往会在相关合同中约定其对公司的经营管理权,在登记为股东后也往往会实际参与公司的经营管理,如果法院根据当事人的投资目的、实际权利义务等因素综合认定,投资人取得公司股权并参与经营管理,应当认定为股权投资。第

---

① 孙立君、王晨曦:《论"明股实债"认定的司法裁判规则》,微信公众号"RT法星球",2022年9月1日。

三,是否约定投资到期退出。明股实债非常重要的特点就是投资到期后以固定收益退出,是否约定了退出条款也是明股实债判断的重要标准之一。第四,是否约定合理的股权转让价格。当股权转让价格过高、过低或不确定、股权转让价格与股权价值无直接关系时,存在法院认为股权转让并非当事人真实意思表示的可能性。第五,是否办理了股权变更登记。如果股权转让合同签订后并未办理股权变更登记,则法院有可能认为交易中投资方并无获得股权的目的,进而认定为明股实债。

那么接下来的问题是,对赌协议与明股实债如何区分。基于上述法理分析,笔者认为,对赌协议与明股实债最大的区别是投资方是否获得固定利润或报酬。在明股实债中,投资方作为出借人将款项交付给融资方,不论融资方经营状况如何,无论盈亏,出借人均按期收回本息或收取固定利润。而对赌协议中投资方获得的补偿与目标公司盈利息息相关,投融资双方均有一定的风险。

2019年发布的《全国法院民商事审判工作会议纪要》中提出,为了保障裁判尺度的统一,应当树立统一的裁判尺度和正确裁判思维,在准确揭示交易模式的基础上探寻当事人真实的交易目的,根据真实的权利义务关系认定交易的性质与效力。这体现出司法审判中的穿透式思维[1]。2019年11月,《最高人民法院民事审判第二庭法官会议纪要》中指出,明股实债并未统一交易模式,实践中根据当事人的投资目的、实际权利义务关系等要素综合认定其性质。投资人目的在于取得目标公司股权,且享有参与公司的经营管理权利的,应认定为股权投资;反之,投资人目的并非目标公司股权,而仅是为了获取固定

---

[1] 《全国法院民商事审判工作会议纪要》指出,民商事审判工作要树立正确的审判理念。注意树立请求权基础思维、逻辑和价值相一致思维、同案同判思维,通过检索类案、参考指导案例等方式统一裁判尺度,有效防止滥用自由裁量权;注意处理好民商事审判与行政监管的关系,通过穿透式审判思维,查明当事人的真实意思,探求真实法律关系。

收益,且不享有参与公司经营管理权利的,应认定为债权投资①。这一要点也常被法院引用作为案件审理依据。可见,目前对明股实债的司法审理思路仍以"穿透式审判"为主流,甚至有严格的趋势。

综上,笔者认为本案系股权纠纷,而非民间借贷纠纷。理由如下:第一,河南某达公司与王某在2018年11月22日签订的《天使投资协议》中明确约定了王某的股东权利义务,包括股权比例、股权投资金额、股东知情权等内容,因此,原告王某与被告河南某达公司形成的是股权投资的真实意思表示,协议内容合法有效;第二,2020年7月10日,河南某达公司应王某的要求向其出具了股东身份证明,清楚地写明王某持股比例为3%;第三,原告王某曾于2020年7月29日向法院提起诉讼要求分配股东红利,根据王某提交的起诉状中的内容"将河南某达公司股权的3%归原告(王某)所有……原告所持有的股权在被告陈某的名下……",可知,原告王某清楚地知晓其在河南某达公司中的股东身份;第四,根据《天使投资合同补充约定》内容,王某收益条款的约定是附条件生效条款,并非保底条款性质,不违反法律强制性规定。《天使投资合同补充约定》约定"甲方保证乙方三年获取的现金收益最低与投资金额相等,如若甲方未完成……每年甲方收益的50%优先结算给乙方……,资本回收之后,按照股份比例分红……"根据协议内容,王某前三年是按照3%的股权比例分红,而不是固定收益;如果前三年的股东分红不能达到30万元时,从第四年起,河南某达公司收益的50%优先支付给王某,由此可知,该协议约定的分红方式,是以河南某达公司存在收益为前提的,在河南某达公司未获得收益的情况下,原告王某和其他股东都不可能获得分红。这样的约定方式,明显不是对投资款资本回收进行的保本约

---

① 贺小荣主编:《最高人民法院民事审判第二庭法官会议纪要:追寻裁判背后的法理》,人民法院出版社2018年版,第61页。

定,不符合民间借贷法律关系中本金+固定利息的特征,应属于股权投资协议。至于原告未参与被告河南某达公司的经营管理,实质上并不影响股权投资的法律性质。

【类案裁判】

1. 青海省高级人民法院(2017)青民终 210 号民事判决书

裁判要旨:股东应以其认缴的出资额为限对公司承担责任,不得滥用股东权利损害公司、公司其他股东以及公司债权人合法利益。某投资公司作为某服饰公司的股东,理应与其他股东一起对公司承担风险,共负盈亏的责任义务,且在有效的股权回购协议中,公司用于股权回购的资金来源应当以资本盈余或者营业盈余为限。本案中,某服饰公司向某投资公司每年给付一定数额的投资收益补偿的约定,脱离公司实际经营业绩获得固定投资收益,规避其在出资范围内应承担的经营风险,有损公司债权人利益,故该约定已超出股东正当权利的行使范围,某投资公司 2 500 万元的出资性质名为投资,实为借贷。

2. 最高人民法院(2019)最高法民终 355 号民事判决书

裁判要旨:结合协议签订背景、目的、条款内容及交易模式、履行情况综合判断,某发公司与某川公司之间并非借款关系,而是股权投资关系。理由如下:① 本案系某发公司按照国家发改委等四部委联合印发《专项建设基金监督管理办法》(发改投资〔2016〕1199 号)的规定通过增资方式向某川公司提供资金,该投资方式符合国家政策,不违反《公司法》及行业监管规定。事实上,基金通过增资入股、逐年退出及回购机制对目标公司进行投资,是符合商业惯例和普遍交易模式的,不属于为规避监管所采取的明股实债的借贷情形。② 某发公司增资入股后,某川公司修改了公司章程、某发公司取得了股东资格并享有表决权,虽然不直接参与某川公司日常经营,但仍通过审查、审批、通知等方式在一定程度上参与管理,这也是基金投资模式中作为投资者的正常操作,显然不能以此否定其股东身份。③ 虽然案涉协议有固定收益、逐年退出及股权回购等条款,但这仅是股东之间及股东与目标公司之间就投资收益和风险分担所作的内部约定,并不影响交易目的和投资模式。并且在投资期限内,某发公司作为实际股东之一,其对外仍是承担相应责任和风险的。④ 某发公司根据协议约定获得了固定收益,但该固定收益仅为年1.2%,远低于一般借款利息,明显不属于通过借贷获取利息收益的情形。其本质仍是某发公司以股权投资方式注入资金帮助企业脱困的投资行为,只有这样某川公司及其股东某联公司才能以极低的成本获取巨额资金。综上,案涉《投资协议》系股权投资协议。

3. 最高人民法院(2022)最高法民申418号民事申请再审审查民事裁定书

裁判要旨:本案中对赌协议之目的是解决交易双方对目标公司未来发展的不确定性、信息不对称以及代理成本而设计的包含了股权回购、金钱补偿等对未来目标公司的估值进行调整的协议,系资本市场正常的激励竞争行为,双方约定的补偿金计算方式是以年度净利润在预定的利润目标中的占比作为计算系数,体现了该种投资模式对实际控制人经营的激励功能,符合股权投资中股东之间对赌的一般商业惯例,不构成明股实债或显失公平的情形,依法不应适用《合同法》第五条的公平原则对当事人约定的权利义务进行干预调整。

【法条索引】

《民法典》第六百七十五条、第六百七十六条;《公司法》第二十条;《民事诉讼法》第六十四条第一款;《最高人民法院关于审理民间借贷案件适用法律若干问题的规定》第二十八条第二款第一项;《最高人民法院关于适用〈中华人民共和国民法典〉时间效力的若干规定》第一条第二款。

案例 9

梁某诉杨某、A 公司、B 公司等劳务分包合同纠纷案①

——如何区分劳务分包与建设工程分包合同法律关系

【案情介绍】

2018年11月21日,被告A公司与被告B公司分别作为发包人、承包人,签订了焦作市某公园绿化建设工程施工合同,就该工程的名称、地点、内容、承包范围等进行了约定。2019年7月3日,焦作市某公园绿化建设工程项目部负责人胡某与劳务负责人杨某签订了钢筋混凝土班组承包合同书,就工程名称、承包内容及范围、承包方式、单价等进行了约定。

2019年8月26日,被告胡某出具证明,内容为被告杨某在焦作市某公园施工的人工费及设备等费用合计95万元整,除已支付的工程款,剩余部分按如下条件支付:2019年9月10日前支付30万元;其余部分在被告A公司第一次支付工程款时一次付清;在一周内把双方确认结算单整理完毕,并让被告B公司确认。

2019年10月26日,原告完成其在焦作市某公园绿化建设工程

---

① 案例来源:焦作市山阳区人民法院(2020)豫 0811 民初 2214 号民事判决书、焦作市中级人民法院(2020)豫 08 民终 2971 号民事判决书。

的劳务后,被告杨某向其出具了工人工资结算清单,认可尚欠工人工资43万元未支付,并承诺于2019年12月31日前发放到位,但被告杨某至今未支付,原告多次催要无果后诉至法院。

原告认为,本案工程系被告A公司发包给B公司,B公司又非法分包给胡某,胡某又非法转包给杨某,杨某再非法转包给原告本人。故,被告杨某应支付原告劳务费43万元及逾期付款利息;被告胡某、B公司承担连带支付责任;被告A公司应在未支付工程款范围内承担连带付款责任。

被告杨某、胡某未到庭,亦未提交答辩状。

被告A公司辩称:我公司与原告之间无合同关系,涉案建筑工程尚未竣工验收,更未结算,原告无证据证明我公司欠付工程款。故原告诉请我公司承担连带付款责任,无事实和法律依据,应依法驳回原告对我公司的诉请。

被告B公司辩称:① B公司与原告没有合同关系,依据合同相对性原则,原告无权起诉B公司;② B公司不是案涉工程的发包人,原告也并非《最高人民法院关于审理建设工程施工合同纠纷案件适用法律若干问题的解释》第二十六条[1]规定法律意义上的实际施工人,无权突破合同相对性起诉我公司;③ 我公司与被告胡某之间不存在分包或转包关系;④ 我公司与被告杨某之间存在劳务分包关系,就我公司与杨某班组已结算的部分,我公司已超额支付。故,请求法院依法驳回原告对我公司的诉请。

---

[1] 2005年1月1日起施行的《最高人民法院关于审理建设工程施工合同纠纷案件适用法律问题的解释》第二十六条,已被2021年1月1日起施行的《最高人民法院关于审理建设工程施工合同纠纷案件适用法律问题的解释(一)》第四十三条取代。

【裁判结果】

一审判决：① 被告杨某应于本判决生效后10日内向原告梁某支付劳务费43万元及利息（利息自2020年1月1日起至实际支付完毕之日止，按照全国银行间同业拆借中心公布的贷款市场报价利率计算）；② 驳回原告梁某的其他诉讼请求。

原告梁某不服提起上诉，二审驳回上诉，维持原判。

【裁判要旨】

劳务分包合同和建设工程分包合同是两类不同性质的合同，建设工程施工合同的标的是建设工程，发包方支付的是工程价款。劳务分包的标的是工程的劳务，发包方支付的仅仅是工人工资。故不应突破合同相对性的原则，应由合同当事人相互主张权利。本案中，原告作为受杨某雇佣从事劳务的人员，与B公司无合同关系，原告仅有权向被告杨某主张权利；原告并非《最高人民法院关于审理建设工程施工合同纠纷案件适用法律问题的解释》第二十六条规定的法律意义上的实际施工人，故无权向A公司主张权利。

【裁判评析】

本案的主要争议焦点是案涉合同是劳务分包法律关系还是建设工程分包合同法律关系，胡某、杨某、A公司、B公司是否应承担责任。

在人民法院受理民事案件案由有关规定当中，包括有"合同纠纷—建设工程合同纠纷—建设工程分包合同纠纷"和"合同纠纷—劳务合同纠纷"不同的民事诉讼案由，上述两类纠纷并列规定，可见并非所有的劳务合同纠纷均归属于建设工程合同纠纷范畴。建设工程施工合同与劳务分包合同是两类不同性质的合同,建设工程施工合同的标的是建设工程,发包方支付的是工程价款。劳务分包的标的是工程的劳务,发包方支付的仅仅是工人工资。不同的法律关系,导致的法律结果必然不同,因此有必要深入分析一下。

首先,根据《最高人民法院关于审理建设工程施工合同纠纷案件适用法律问题的解释(一)》(以下简称《建工合同解释(一)》)第四十三条规定:"实际施工人以转包人、违法分包人为被告起诉的,人民法院应当依法受理。实际施工人以发包人为被告主张权利的,人民法院应当追加转包人或者违法分包人为本案第三人,在查明发包人欠付转包人或者违法分包人建设工程价款的数额后,判决发包人在欠付建设工程价款范围内对实际施工人承担责任。"该规定当中的"实际施工人",应当是指无效建设工程施工合同的承包人,包括违法的专业工程分包和劳务作业分包合同的承包人、转承包人、借用资质的施工人,是实际投入资金、材料和劳力进行工程施工的法人、非法人企业、个人合伙、包工头等民事主体,并非参与了工程施工的民事主体均可以认定为实际施工人。本案中,原告梁某认为自己并非被告杨某的雇佣工人,而是与杨某口头达成转包协议、进行施工的实际施工人,但综合全案证据可知:第一,梁某所举证据不能证明他的施工活动有投入资金、材料等特征内容,因此本案不能认定梁某为法律意义上的实际施工人;第二,梁某主张债权的条据上载明"工人工资"字样,反而证明了本案债务的劳务工资报酬性质,梁某不足以证明他是工程实际施工人,则无权依据《建工合同解释(一)》之规定,突破合同的相对性向合同相对方杨某以外的本案当事人主张工程价款。对于劳务人员工资报酬的保护,另有其他法律规定,以建设工程的有关法律规定为依据提出本案主张,不能支持。

其次,如果梁某主张的自己是实际施工人身份成立,也依法只有权利向合同相对方杨某和发包人 A 公司主张工程价款;而根据 A 公司、B 公司的陈述和双方所签合同内容,不能充分证明 A 公司欠付 B 公司工程款,从而本案不能判决 A 公司在欠付工程款范围内承担责任。也就是说,梁某对胡某、B 公司主张权利没有法律依据,向 A 公司主张工程款证据不足,其诉讼主张不能成立。从而一、二审判决不支持他对胡某、A 公司、B 公司的诉讼请求并无不当。

当然,本案系典型的劳务分包合同纠纷,其案例价值远远超出本案范畴,为了能够解决这类案件的一些共性问题,笔者认为有必要针对本案衍生出的以下几个法律问题进一步分析,真正达到触类旁通的效果。

一、关于"实际施工人"身份如何界定

建设工程施工合同往往因违法转包、借用资质等原因而导致合同无效,为解决无效施工合同的处理问题,2005 年施行的原《最高人民法院关于审理建设工程施工合同纠纷案件适用法律问题的解释》第四条、第二十五条、第二十六条首次使用"实际施工人"一词,但是该司法解释并未对"实际施工人"的含义、认定等问题进行界定。《民法典》颁布之后,在新修订的《建工合同解释(一)》中也没有对"实际施工人"的概念作出明确定义。此种情况造成司法实践中对"实际施工人"的认定也各不相同,难以统一裁判。

根据最高人民法院民事审判第一庭编著的《最高人民法院建设工程施工合同司法解释的理解与适用》认为,实际施工人有以下三类:一是转包合同的承包人;二是违法分包合同的承包人;三是缺乏相应资质而借用有资质的建筑施工企业名义与他人签订建设工程施工合同的单位或者个人。并归纳出实际施工人的四个特点:实际履行承包义务的人;实际施工人与发包人没有直接的合同关系或名义上的合同关系;实际施工人所签订的建设工程施工合同无效;实际施

工人同与其签订转包合同、违法分包合同的承包人或出借资质的建筑施工企业之间不存在劳动人事关系或劳务关系。

最高人民法院在(2017)民申3853号裁定书中认为：实际施工人应当是采取投入资金、材料及劳动力的方式，对建设工程实际进行了施工或者组织施工的一方。最高人民法院在(2019)最高法民申126号裁定书中认为：实际施工人是指违法的专业工程分包或劳务作业分包合同的承包人、转承包人、借用资质的施工人或挂靠施工人；如果建设工程经数次转包的，实际施工人应当是最终实际投入资金、材料和劳力进行工程施工的法人、非法人企业、个人合伙、包工头等民事主体。最高人民法院在(2020)最高法民申1603号裁定书中认为：实际施工人是指没有资质的个人或公司借用有资质的建筑施工企业名义参与建设工程的施工，具体表现应当包括为实际投入了资金、材料和劳力等。

结合《建工合同解释（一）》的规定，实际施工人为转包合同的承包人、违法分包合同的承包人和借用资质（含挂靠）的承包人。通俗地讲，实际施工人就是在上述违法情形中实际完成了施工义务的单位或者个人。

司法实践中对于实际施工人的认定，还应结合合同的履行情况综合进行审查，即是否直接参与承包合同的签订；是否对工程进行了资金投入，包括购买材料、支付工人工资；是否在施工过程中组织人员进行施工管理；是否以自己名义与上、下承包人进行结算等。具体面临以下常见问题。

(一)"农民工"是不是实际施工人

建筑施工领域中的农民工个人一般不认为是实际施工人，因为农民工仅提供自己的劳动，并未实际投入资金、材料和劳力进行工程施工，故不能认定为实际施工人，当然也就不能依据《建工合同解释

(一)》第四十三条第二款规定向发包人主张工程款。最高人民法院在(2019)最高法民申5594号案件中认为：建设工程承包人与其雇佣的农民工之间系劳务法律关系，农民工作为受承包人雇佣从事施工劳务的人员，并非上述法律意义上的"实际施工人"，故其不具备适用原《最高人民法院关于审理建设工程施工合同纠纷案件适用法律问题的解释》第二十六条规定的前提条件，农民工以该规定为由请求工程项目发包人在欠付工程款范围内承担偿付责任缺乏事实基础和法律依据。这一判例后的司法实践基本统一按该观点进行裁判。

那么，当农民工的劳动报酬得不到实现的话，该通过何种途径获得救济呢？建设工程领域的农民工工资纠纷严格意义上属于农民工追索劳动报酬的劳务合同纠纷，不属于建设工程合同纠纷。农民工与其招用者之间存在劳务合同关系，应当根据合同的相对性向其招用者主张劳动报酬。

(二) 包工头及班组长是否可以认定为实际施工人

1. 包工头

现实中，建筑施工领域中普遍存在包工头现象，按承包规模大小划分，实力强的包工头可以承包整个工程或一个、多个单位工程，实力弱一些的包工头可以承包整体工程中的某项工作，再小的包工头就是带农民工承包些劳务作业等，有时也称为工头。

建筑行业俗称的包工头是不是实际施工人要区分情况：第一，如果包工头既向转包人、违法分包人承担施工合同义务即实际投入资金、材料和劳力进行了工程施工，又负责招工，对招来的农民工承担支付工资义务，应认定为实际施工人。但这不应改变工程发承包的本质特点。也就是说，虽然实际施工人签订的承包合同是无效合同，但这个无效合同仍然是工程发承包行为，只不过这个行为在法律上被评价为无效行为；第二，如果包工头只负责招工和管理，与农民工都直接从转承包人、违法分承包人处领取工资或由包工头代领、代发工资,就不应认定为实际施工人。

所以,就认定包工头是否具有实际施工人地位的条件上,首先应当符合承包的是一项工程。其次,包工头所请求的工程款不应当仅是或主要是劳务价值,应当符合工程款构成的特点,不仅是人工、机械、材料的费用,还要包括施工组织、管理等各方面的费用。如果允许包工头向发包人请求主要是劳务价值的报酬,那么就等于本应由承包人承担的责任全部转到发包人一方,因为和这些包工头有合同关系的是承包人,现在承包人反而可以推脱责任,而由发包人直接面对他们,这些不仅对发包人不公平,而且等于鼓励承包人继续采用不规范的管理方式。

2. 班组长

关于班组长是否可以认定为实际施工人,关键是要看班组长与转包人、违法分包人之间的合同约定以及实际的施工情况:第一,如果班组长与转包人、违法分包人之间的合同明确约定班组是按日(月)支付工资,双方之间签订了书面的劳务(劳动)合同,按日(月)发放酬劳,班组成员接受转包人、违法分包人的日常管理和工作安排,班组与转包人、违法分包人之间存在隶属关系等的,则一般认为班组与转包人、违法分包人之间属于劳务(劳动)关系,班组长仅为班组成员代表,不是实际施工人。第二,如果班组长与转包人、违法分包人之间签订的是建设工程施工合同,合同也明确约定工程款的结算和支付方式是按照工程量计算,班组成员仅接受班组长的管理,由班组长安排工作,班组向转包人、违法分包人交付工作成果,转包人、违法分包人按照班组的工作成果结算工程款的,一般认为班组长属于实际施工人。

无论各方之间是否签订合同,以及合同如何约定,最终确定各方关系是以实际工作过程中是否存在符合劳务(劳动)关系的特征来进行认定的,一般通过报酬的计算、发放、日常工作过程中的管理、工作安排等来认定。

(三) 工程多次转包或违法分包的,实际施工人如何确定

对于层层转包情形是否存在多个实际施工人?笔者认为从实际施工人制度设立的目的在于保护农民工的利益,因此只有实际投入资金、人工、材料、机械设备等从事工程施工的最后手的承包人才属于实际施工人,对于中间环节的违法转包人不能认定为实际施工人。

二、施工总承包人是否应在欠付工程款范围内对实际施工人承担连带责任

实践中层层转包、违法分包的情形较为常见,基于此,对如何理解此处的"发包人",司法实践中有两种观点。第一种观点认为:施工总承包人,不是涉案工程的发包人,《建工合同解释(一)》第四十三条第二款中的发包人应当是静态的、绝对的,仅应为建设工程的建设单位,且施工总承包人与实际施工人无合同关系,故实际施工人起诉施工总承包人要求承担连带责任没有法律依据。第二种观点认为:《建工合同解释(一)》第四十三条第二款中的发包人应当是动态的、相对的,施工总承包人相对于建设单位(业主)而言,施工总承包企业是承包人,建设单位则为发包人;但是,施工总承包企业相对于其下手分包人而言,施工总承包企业则为发包人,下手分包人则为承包人。故,若施工总承包企业欠付下手分包人工程款未付,则其理应按照司法解释的规定在欠付工程款范围内承担连带责任。

笔者同意上述第一种观点。《建工合同解释(一)》第四十三条第二款中的发包人应当仅指整个建设工程施工合同链条的第一任、初始合同的甲方,即业主。一些判决中将施工合同的总承包人因转包或违法分包而随意扩大解释为发包人,从而适用《建工合同解释

(一)》第四十三条第二款规定,判令承包人在欠付工程款范围内承担责任,不仅不符合发包人的法律规定造成逻辑混乱,而且导致合同相对性原则形同虚设。以一份最高人民法院的判例进一步说明:最高人民法院在(2016)最高法民申3339号判决书中指出,本案中,某某公司是涉案工程的总包人,各方当事人在庭审中,对此事实均无异议。某某公司并非涉案项目的发包人,原审法院认定本案不应适用《最高人民法院关于审理建设工程施工合同纠纷案件适用法律问题的解释》第二十六条第二款的规定,并无不当。综上所述,某某公司既不是涉案工程发包人,与张某某之间也无合同关系,张某某申请再审要求某某公司承担支付款项的连带责任的请求,缺乏法律依据,本院不予支持。

三、实际施工人能否向所有转(分)包人主张工程款

在工程多次转包或违法分包的情况下,实际施工人向所有转(分)包人主张工程款的,是否应得到支持呢?本人认为,审判实践中应严格适用《建工合同解释(一)》第四十三条第二款的规定,一般情况下不能支持其主张,仅在实际施工人构成表见代理的情况下除外。具体理由是:① 严守合同相对性。合同仅对合同当事人产生拘束力,不能约束合同之外的人。实际施工人只能向与其有合同关系的当事人主张权利,除非法律有特别规定。《建工合同解释(一)》第四十三条第二款将转包人、违法分包人的诉讼地位明确为"本案第三人",恰恰表明了最高人民法院坚持合同相对性的态度。② 不应对《建工合同解释(一)》第四十三条第二款作随意扩大解释。《建工合同解释(一)》第四十三条第二款仅规定实际施工人可以突破合同相对性向发包人主张工程款,并未规定其可以向转(分)包人主张工程款。③ 防止对实际施工人的过度保护。实际施工人是非法承包人,对于施工合同无效具有过错。如果允许实际施工人不仅可以对发包

人还可以对所有转(分)包人主张权利,则是对非法承包人的过度保护,使其获得比合同有效更大的非法利益,不利于遏制转包、违法分包和借用资质等扰乱建筑市场的行为。④ 贯彻诉讼经济原则。转包和违法分包涉及多重合同法律关系,司法实践中因转(分)包人工程利益基本实现等原因,导致当事人缺席情况严重,不仅造成查清多层转包或违法分包中层层欠付的事实极为困难,而且造成审理周期普遍较长,加之实际施工人举证难,反而不利于实际施工人权利的保护。

四、发包人是否应在欠付工程款范围内对实际施工人承担责任以及承担何种责任

《建工合同解释(一)》第四十三条第二款在"发包人只在欠付工程价款范围内对实际施工人承担责任"之前,增加了"在查明发包人欠付转包人或者违法分包人建设工程价款的数额后"的前置性要求。此前置性设置的好处是避免动辄随意追加发包人和滥用诉讼保全措施,在保护实际施工人合法权益的同时,平衡保护发包人的合法权益。也就是说查明发包人是否欠付转包人或违法分包人工程价款以及发包人欠付工程款的具体数额后,方能判决发包人在欠付工程价款范围对实际施工人承担付款责任。

《建工合同解释(一)》第四十三条第二款规定发包人在欠付建设工程价款范围内对实际施工人承担责任。但是对于发包人承担责任的性质以及如何承担责任,司法解释并未作规定,由此导致司法实践中表现出来的法律文书各式各样,不够规范、统一,第一种表述为"连带责任"。理由是:实际施工人以违法转分包人以及发包人为被告索要工程款,本身属于对合同相对性原则的突破,为最大限度地保护实际施工人及农民工的权益,应认定该责任为连带责任,因此,应当先判决由违法转分包人承担欠付工程款的支付义务,并判决由发包人在欠付工程款范围内承担连带责任。第二种表述为"补充责任"。理由是：发包人不是实际施工人的合同相对人，其对实际施工人没有给付工程款的义务，判决发包人对实际施工人承担连带责任缺乏法律依据。既然该条款规定是为了保护实际施工人的利益，那么只要实际施工人得到了其应得的工程款即可。因此，发包人仅需在欠付工程款的范围内承担一种补充责任即可。

笔者认为，对于责任性质的认定和承担，既要考虑合同相对性原则，也要关注司法解释对实际施工人的特殊保护，既要保证程序正义，也要注重案结事了。因此，关于补充责任的观点，未能全面领会司法解释出台的背景和出发点，不利于切实有效地发挥保护实际施工人的作用；关于连带责任的观点，根据《民法典》第一百七十八条第三款规定：连带责任，由法律规定或者当事人约定。因此，在没有法律规定和当事人约定的情况下，也不应将发包人的责任认定为连带责任或者共同责任。

因此，在无法对发包人责任作出比较准确的法理认定之前，无论是在原告起诉状中还是判决书中，对于发包人责任的表述应严格按照《建工合同解释（一）》第四十三条第二款的表述为宜。结合本案，原告在庭审中并没有提供证据证明被告A公司尚欠被告B公司工程款，而被告B公司在庭审中也明确承认涉案建设工程尚未竣工验收，更未结算，截至一审辩论终结前被告A公司并不欠被告B公司工程款，故原告诉请A公司对涉案债务承担连带清偿责任的主张，不应支持。

五、借用资质（挂靠）的实际施工人是否可以直接起诉发包人要求支付工程款

无论是被挂靠企业起诉发包人还是实际施工人以被挂靠企业名义起诉发包人，均符合合同相对性原则，均不违反程序法的规定。但如果实际施工人不同意被挂靠企业单独起诉发包人主张工程款,要求参加诉讼,人民法院应当追加实际施工人为有独立请求权第三人,一体解决纠纷。实际施工人和被挂靠企业同时参加诉讼的,经审理查明涉案工程确由实际施工人施工或实际施工人与发包人已形成事实上建设工程施工合同关系的,应当判决发包人直接向实际施工人支付工程款,不宜再以合同相对性为由判决发包人向被挂靠企业支付工程款,以免损害实际施工人合法权益。

六、发包人欠付工程价款范围应否包括质保金

《建工合同解释(一)》第四十三条第二款规定,实际施工人以发包人为被告主张权利的,人民法院可以追加转包人或者违法分包人为本案当事人。发包人只在欠付工程价款范围内对实际施工人承担责任。司法实践过程中,原、被告双方关于"欠付工程价款范围"存在较大争议,如工程质量保证金是否应当包含其中,原告多主张发包人欠付工程价款应当包括质量保证金,质量保证金本就是剩余工程价款在工程竣工后的另一名称,两者没有实际区别,不应隔离开区别对待;而被告多抗辩认为,发包人已经按照约定履行了自身付款义务,质量保证金的用途是保证承包人能够及时修复存有质量问题的工程,质量保证金的支付条件是质量保证期满工程无质量问题,不应将质量保证金纳入欠付工程价款范围内。

笔者认为,上述原、被告的意见都不无道理,均有可取之处,但原、被告的意见均是为了维护自身利益,未能综合看待质量保证金的性质,质量保证金是否包含在欠付工程价款范围内,应当充分考虑质量保证期,一分为二予以对待。工程竣工验收合格,发包人与承包人的建设工程施工合同届已履行完毕,工程价款绝大部分业已支付完毕,留有一定比例质量保证金是为了防止工程在质量保证期内出现质量问题,此时质量保证金的数额虽是确定的,但质量保证金能否全额支付给承包人是不确定的,这取决于质量保证期内工程是否出现质量问题、承包人是否及时维修、质量问题能否彻底解决等,因此,在质量保证期内的质量保证金本质上数额是不确定的,当然不能将其纳入欠付工程价款范围内。如果将其纳入欠付工程价款范围内予以支付,一旦工程出现质量问题,需要赔偿经济损失,发包人无疑需另行向承包人主张权利,增加了发包人诉累,也势必浪费司法资源。而工程质量保证期满,质量保证金需支付给承包人,此时应当支付质量保证金的数额是确定的,其完全演变为欠付工程价款,理所应当包含在欠付工程价款范围内。

综上,质量保证金是否应当包含在欠付工程价款范围内,取决于诉讼时工程质量保证期是否届满,如果质量保证期未届满,质量保证金就不能包含在欠付工程价款范围内,如果质量保证期届满,质量保证金就应当包含在欠付工程价款范围内。

七、对施工企业与发包人之间是否欠付工程款的举证责任应该由谁承担

《建工合同解释(一)》第四十三条第二款要求法院查明发包人是否欠付转包人或违法分包人工程款以及欠付的具体数额。但如果人民法院依据现有证据未能查明发包人欠付工程款的具体数额,则由哪一方当事人承担该不利后果?是由实际施工人还是发包人承担欠付金额的举证证明责任?针对此问题,司法实践中有两种不同的观点。第一种观点认为,根据"谁主张,谁举证"的基本原理,实际施工人既然起诉要求发包人在欠付工程款范围内承担责任,则应由实际施工人承担发包人尚欠付工程款的举证责任,举证不能的,应自行承担于己不利的法律后果。第二种观点认为,由于实际施工人与发包人并无合同关系更无经济往来,因此让实际施工人承担此举证责任必然有困难,也不利于保护实际施工人从而保护农民工工资的立法

本意,发包人若不想承担向实际施工人支付工程款的责任,则其应通过积极举证以证明其不欠付任何工程款,这样才更合理也更公平。笔者同意第二种观点,实际施工人并非建设工程施工合同的当事人,由发包人举证更加便利且更具操作可能性。在此基础上,实际施工人应当证明其应获得的工程款数额,该数额与发包人已付工程款数额的差额,即为发包人欠付的金额。

【类案裁判】

1. 最高人民法院(2019)最高法民申 5594 号民事裁定书

裁判要旨:根据《最高人民法院关于审理建设工程施工合同纠纷案件适用法律问题的解释》第二十六条规定:"实际施工人以转包人、违法分包人为被告起诉的,人民法院应当依法受理。实际施工人以发包人为被告主张权利的,人民法院可以追加转包人或者违法分包人为本案当事人。发包人只在欠付工程价款范围内对实际施工人承担责任。"鉴于乐某某与彭某某之间系劳务法律关系,乐某某(班组)作为受彭某某雇佣从事泥水劳务的人员,并非前述法律意义上的实际施工人,二审判决认定本案不具备适用前述司法解释第二十六条规定的前提条件,有相应的事实依据,不属于法律适用错误。乐某某以该规定为由请求案涉工程项目发包人某某公司在欠付工程款范围内承担偿付责任,缺乏相应的事实基础和法律依据,二审判决未予支持,并无不当。

2. 最高人民法院(2021)最高法民申 4930 号民事再审审查裁定书

裁判要旨:原审法院基于对 B 土储中心系案涉项目的发包方、回购方且尚欠 A 公司工程款及投资收益等事实的认定,依据《最高人民法院关于审理建设工程施工合同纠纷案件适用法律问题的解释(二)》第二十四条规定,判决 B 土储中心在欠付 A 公司工程款范围内就 A 公司应向李某某支付的回购款本息及投资收益承担支付责任。但是,根据上述规定,建设工程施工合同纠纷案件中,判决发包人在欠付建设工程价款范围内对实际施工人承担责任,应以查明发包人欠付转包人或者违法分包人工程款数额为前提。本案中,根据原审查明的事实,截至原审法院作出判决时,B 土储中心与 A 公司并未就案涉工程进行结算,B 土储中心所欠 A 公司的工程款数额尚不确定。在此情形下,原审法院判决 B 土储中心承担本案支付责任,属于认定基本事实不清。

3.(2021)最高人民法院民终 339 号民事判决书

裁判要旨:① 发包人向实际施工人承担责任的前提是其欠付转包人或者违法分包人工程价款。该规定是从实质公平的角度出发,实际施工人向发包人主张权利后,发包人、转包人或者违法分包人以及实际施工人之间的连环债务相应消灭,且发包人对实际施工人承担责任以其欠付的建设工程价款为限;② 欠付工程款的数额等事实因未结算无法查清,实际施工人与发包人之间的权利义务并不明确,故实际施工人向发包人主张在欠付工程款范围内承担责任的条件不成立。

【法条索引】

《民法典》第一百七十八条;《最高人民法院关于审理建设工程施工合同纠纷案件适用法律问题的解释(一)》第四十三条。

案例 10

江某诉王某、A 公司建设工程施工合同纠纷案[①]

——"包干价"工程未完工情况下如何结算

【案情简介】

2020 年 7 月 3 日,原告江某与被告王某与签订了《劳务承包施工协议》(以下简称协议),被告王某将某旅游小镇-云海湾公寓式办公项目 9#—18# 楼以大清包形式发包给原告江某施工。协议载明"工程范围内所需要的所有大、小型工程机械设备,用工,用具,周转材料及辅助材料等均由乙方负责。施工图纸内所有土建工程发包给乙方施工。"协议第 1 条第 4 款约定"承包方式:包人工及机械设备、措施材料、低耗易损材料、辅助材料、安全通道、钢筋棚、木工棚、防护棚……包括塔吊、施工电梯、龙门架等垂直运输机械;包工期、质量、安全文明施工"。协议第 1 条第 7.1.1 款约定"本工程劳务承包固定单价为 650 元/m²"。协议第 2 条第 1 款约定:"工程进度款支付:按工程形象进度节点付款,二层主体现浇板封顶,经甲方及监理验收合格后,付 200 元/m² 工程款,屋面主体(含楼梯间和设备间)现浇板封顶,经甲方及监理验收合格后,付 200 元/m² 工程款,二次结构全部完成,经甲方及监理验收合格后,付至总合同价款的 70%,内外粉刷、地面和坡道、台阶及

[①] 案例来源:河南省修武县人民法院(2023)豫 0821 民初 1486 号判决书。

屋面工程等完成,经甲方及监理验收合格后,付至合同总价款的85%,工程全部完成,竣工验收合格后,付至工程总价款的97%,余3%质保金,自竣工验收后之日起,贰年内付清,以上质保金不计利息。"

在协议履行过程中,因案涉工程所在的项目整体停工,此时原告江某施工的某旅游小镇-云海湾公寓式办公项目9#—18#楼的主体早已全部封顶。根据协议第1条第7.1.1款约定的付款进度,原告江某与被告王某于2021年10月16日签订了《某旅游小镇-云海湾公寓式办公项目江某主体结构完成结算表》,双方共同确认截至2021年10月16日,原告江某完成主体结构施工14 494.4 m²,依合同约定主体封顶按400元/m²结算,并注明"未扣除建设方罚款",该阶段性结算表签署后,被告王某又陆续向原告江某支付544 077.94元。截至目前,被告王某共计向原告江某支付工程款5 330 986.94元。

自2021年1月起,因不可归责于原告江某方的原因停工至今,原告江某多次催问,被告王某并没有对是否复工、是否还让原告江某继续施工做出明确的指令,导致原告江某是去是留难以及时决断;2022年8月25日原告江某又给被告王某发出书面询问函:"如上述工程复工无望……何时能对我已完成的工程量予以最终结算。"但被告王某置之不理,故而产生诉讼,原告江某要求被告王某支付原告工程款2 481 158.06元、停工损失918 882元及利息31 561.67元,以上合计3 431 601.73元。

原告江某认为,其与被告王某签订的合同名为"劳务承包施工协议书",实为"建设工程施工合同",根据协议约定的工程范围和承包方式,以及原告江某在施工过程中实际投入了资金、人工、材料、机械设备等,对工程实际进行了组织施工,独立完成了案涉工程并与被告王某独立结算,所以原告江某系案涉工程的"实际施工人";原告江某与被告王某约定的平方米固定单价,是根据预估的全部工程完工后的整体造价而得出的均价,针对的是已完工程。现涉案工程因不可归责于原告江某的原因停工至今,那么,在未完工的情况下,根据一般建筑常识,各个部分的成本不同(通常地下基础工程成本要高于地上工程成本、主体高于二次结构和装修等),工程前期准备工程往往是净投入,需要整体工程施工完毕后来摊销前期成本,此时直接按照测量的完工面积乘以合同约定的固定单价显然是不合理的。因此,在未完工情形下的案涉工程最终结算价,不能再按合同约定的固定单价进行结算,而应按照施工同期政府部门发布的定额为标准进行造价鉴定来确定;原告江某与被告王某签订的主体结构完成结算表中的结算价400元/m²,只是进度节点价,并非案涉工程最终的结算价;案涉工程自2021年1月起,因不可归责于原告江某方的原因停工至今,给原告江某造成了大量的人工费、机械费、材料费等各项损失,被告王某应承担全部赔偿责任。

经查,被告王某借用被告A公司的资质从B房地产开发有限公司处承包了某旅游小镇-云海湾公寓式办公项目,后被告王某又将项目肢解后把案涉工程违法分包给了原告江某。故,原告江某要求被告A公司承担连带责任。

被告王某辩称:江某是案涉工程劳务承包人,非实际施工人;现场负责人王某与江某签订有劳务施工协议,协议明确了价格,并进行了结算和支付,本案没有进行工程造价及停工损失鉴定的必要;被告A公司按照劳务协议支付了江某相应的劳务费,不拖欠江某的任何劳务费用。故,应依法驳回江某的诉请。

被告A公司辩称:自己与原告江某无合同关系,应依法驳回原告诉请。

【裁判结果】

略。

【裁判要旨】

略。

【裁判评析】

本案是典型的未完工程建设工程合同纠纷，关于本案主要的争议焦点有五个：第一，案涉未完工程是否应按合同约定的固定单价进行工程款结算？第二，在未完工情况下，对已完工部分的价款如何结算？第三，原、被告双方是否已对案涉工程形成最终结算价？第四，本案原告是劳务承包人还是实际施工人？第五，本案承担责任的主体是谁？针对上述五个主要争议焦点，笔者将一一分析。

一、关于案涉未完工程是否应按合同约定的固定单价进行工程款结算的问题

根据《建工合同解释（一）》第二十八条规定："当事人约定按照固定价结算工程价款，一方当事人请求对建设工程造价进行鉴定的，人民法院不予支持。"本条是关于建设工程施工合同约定按照固定价格结算工程价款，限制当事人申请工程造价鉴定的规定。固定价合同是总价包干合同，俗称"包死价合同""一口价""包干价"，是指承包人在完成合同约定范围内工程量以及为完成该工程量而实施的全部工作范围内，施工约定的工程总价款不作任何调整。固定价存在综合单价包干、平米单价包干、固定总价包干、闭口价等不同形式。此种价格形式，针对的是已经完全履行完毕情况下的价款结算，上述司法解释的适用自无争议。但在未完工情形下的案涉工程最终结算价，不能再按合同约定的固定单价进行结算，而应依据造价鉴定意见书

中确定的金额来认定已完工程价款,否则将有失公平。

本案的特殊之处在于,案涉工程因不可归责于原告方的原因导致未实际完工,因此,在未完工情形下的案涉工程最终结算价不能再按合同约定的 650 元/m^2 固定单价进行结算。本案中,虽然双方约定的合同价款采用承包单价乘以建筑面积作为固定合同价,但作为承包人的原告,其实现合同目的、获取利益的前提是完成全部工程。也就是说一次性包死的承包单价是针对整个案涉工程全部完工的情况下作出的均衡报价。根据一般建筑常识,前期建设投入成本高于后期成本,只有全部完工后通过后期收益来分摊前期的成本从而达到获利,案涉工程停工时,原告施工面积已经达到了双方审定的图纸设计的结构工程面积,但整个工程的安装、装修工程等尚未施工,原告无法完成与施工面积相对应的全部工程量。此时,如果仍以合同约定的价款来确定本案工程价款,则对原告明显不公平,这也印证了双方当事人约定的工程价款计价方法已无法适用。如果签订合同时原告知道其仅能就基础、主体部分施工,而不进行后期装饰、安装工程施工的话,那么双方约定的计价方式必然不会是 650 元/m^2 的固定单价。

二、在未完工情况下,对已完工部分的价款如何结算

在未完工情况下,对已完工部分的价款该如何结算,则存在争议。司法实践中主要有三种结算方式:第一种方式是按比例折算法结算。具体方法是,以合同约定的固定价为基础,根据已完工工程占合同约定施工范围的比例计算已完工程价款。即在同一取费标准下分别计算出已完工程部分的价款和整个合同约定工程的总价款,两者对比计算出已完工程的比例,再用合同约定的固定价乘以该比例确定已完工程价款。如在(2020)最高法民申 1299 号黑龙江某建工集团有限责任公司与黑龙江省某建筑劳务有限责任公司建设工程分包合同纠纷案、(2020)最高法民申 2229 号卢某某与营口某某玻璃有限公司建设工程施工合同纠纷案、(2019)最高法民申 6462 号浙江省某某建设集团有限公司与某大学建筑设计研究院有限公司建设工程施工合同纠纷案、(2019)最高法民申 1877 号朱某某与河南某建设有限公司建设工程施工合同纠纷案等案件中,最高人民法院都持该观点。

第二种方式是不考虑未完工原因,依据政府部门发布的定额及取费标准结算。具体方法是,按照建设行政主管部门颁发的定额及取费标准据实结算,并根据案件具体情况,对造价作出适当上浮或者下浮调整。如在(2017)最高法民申 568 号东源某投资发展有限公司与惠州市某建筑安装工程有限公司建设工程施工合同纠纷案、(2020)最高法民终 337 号福建某建设集团有限公司与云南某实业有限公司建设工程施工合同纠纷案、(2018)最高法民申 1289 号六安市某汽车销售服务有限公司与舒某某建设工程施工合同纠纷案等案件中,最高人民法院持类似观点。

第三种方式是考虑未完工原因,依据政府部门发布的定额及取费标准结算。具体方法是,当未完工系承包人原因时,按合同约定的取费标准鉴定未完工部分,无法参照约定标准鉴定的,可以参照施工地建设行政主管部门发布的计价方法或者计价标准鉴定未完工部分的造价,再以总包干价减去未完工部分造价计算出已完工程价款。当未完工系发包人原因时,按照建设行政主管部门颁发的定额及取费标准据实结算已完工程价款。该观点来源于住房城乡建设部关于发布国家标准《建设工程造价鉴定规范》的公告(住房和城乡建设部公告第 1667 号,编号为 GB/T51262—2017,自 2018 年 3 月 1 日起实施)的第 5.10.7 条之规定。如在(2014)民一终字第 69 号青海某建筑安装工程有限责任公司与青海某某置业有限公司建设工程施工合同纠纷案中,最高人民法院持类似观点。

笔者赞同第三种方式,既充分考虑了双方当事人的过错和司法判决的价值取向,又在理论上具有一定合理性,实践中具有操作性。此种处理方法既不明显低于合同约定总价,也不过分高于合同约定总价,与当事人预期的价款较为接近,因而比上述前两种计算结果更趋合理,本案采取该种鉴定方法值得肯定。

三、关于原、被告双方是否已对案涉工程形成最终结算价

笔者认为,原、被告双方并未对案涉工程形成最终结算价。具体理由是:第一,根据施工协议第二条"工程进度款支付"的约定,原告完成主体结构施工后,阶段性结算价(节点价)为 $400 元/m^2$。据此,原告与被告王某签订的主体结构完成结算表中的结算价 $400 元/m^2$,只是阶段性结算价(节点价),并非案涉工程最终的结算价。第二,案涉工程主体结构完成结算表中的结算价是在停工的状态下,原告为了拿到相应的节点工程款而与被告签订的,目的是能够及时给下面的农民工支付工人工资,防止在停工期间进行上访闹事,并非最终的结算价。第三,在 2021 年 5 月 25 日原告江某与被告王某的通话录音中,原告向被告明确主张:"问题是,这弄罢,你这是按 400 块钱算全给了,还差多咧,主要是!"被告王某自认"咱先把这告一段落再说,先按合同上的写的这样,我先给兑现,那我估计他那跟某某集团差十二个亿,商量商量给他八个亿或者七个亿,商量通了就全面开工了,就全面弄起来了……",这充分证明了 $400 元/m^2$ 是阶段性结算价,并非最终结算价。而且在 2022 年 8 月 25 日,原告又给被告王某发了询问函"如工程复工无望,合同固定单价结算无法适用,何时能对我已完工程量予以最终结算",可见原告江某也从未放弃过对已完工程价款进行最终结算的主张。第四,在案涉云台天街旅游小镇项目中,被告王某与另一个实际施工人周某签订了《劳务承包施工协议》,合同固定单价也是 $650 元/m^2$,由于中途停工,双方就主体结构完成

部分达成补充协议,以 730 元/m² 的价格进行了最终结算,更充分印证了原告与被告王某就主体结构完成部分达成的 400 元/m² 的结算价只是节点价,并非最终结算价。

四、关于本案原告是劳务承包人还是实际施工人问题

最高人民法院民事审判第一庭主编的《民事审判指导与参考》(2019 年第 2 辑,总第 78 辑)中认为:"实际施工人一般是指,对相对独立的单项工程,通过筹集资金、组织人员、机械、材料等进场施工,在工程竣工验收合格后,与业主方、被挂靠单位、转承包人进行单独结算的自然人、法人或其他组织。"笔者认为,本案中原告与被告王某签订的合同名为"劳务承包施工协议书",实为所有土建工程的施工,属于典型的"建设工程施工合同"。具体理由是:第一,从协议约定内容上分析,承包协议载明"甲方将某旅游小镇-云海湾公寓式办公项目 9♯—18♯ 楼以大清包形式进行发包,工程范围内所需要的所有大、小型工程机械设备,用工、用具,周转材料及辅助材料、小五金、全套电气设备、专职专业特种人员证件(人证合一)、省级标准化安全文明施工及所用人工、材料,临建设施、设备基础、现场围护设施(彩钢板由甲方提供)、施工场地、场区道路硬化整理,低值易耗品(含垫块、支撑条、后浇带钢丝网、安全防护网、伸缩缝泡沫板、聚乙烯醇、全套止水螺栓等)、劳动防护用品、全套照明设备、施工现场支管供水、土建所有机具设备耗材及测量仪器、一级配电箱以下的供电线路设备、维修维护配件等均由乙方负责。施工图纸内所有土建工程发包给乙方施工。"协议第 1 条第 4 款约定"承包方式:包人工及机械设备、措施材料、低耗易损材料、辅助材料、安全通道、钢筋棚、木工棚、防护棚;包配合、工程管理、安全防护、文明施工、材料装卸码钉整齐(含甲方供材)、劳保防护用品、施工垃圾清运、职工宿舍、伙房及临时用房;包工完清场、包常用工具等,包劳务所需的检测仪器仪表、周转材料

（钢管、扣件、木方、模板等）、辅材、机械设备；包括塔吊、施工电梯、龙门架等垂直运输机械；包工期、质量、安全文明施工"。显然原告并非劳务承包而是建设工程承包合同中的实际施工人。第二，从合同实际履行上分析，原告江某在案涉工程中实际投入了除人工费外，还有材料费、机械费及管理费等费用，符合"实际施工人"的特点，庭审中原告已提供有充分的证据支持该主张。如果被告否认该事实，认为自己才是实际施工人，但未提供任何证据支持其主张，故原告应为"实际施工人"。

五、关于本案承担责任主体的问题

本案中，承包合同系王某个人与原告签订的，王某既非被告A公司员工，也没有A公司的授权，A公司也并未在甲方盖章处签名盖章，王某并不具备让原告相信其能代表A公司的权利外观，合同签订后的工程结算也是原告与王某个人进行结算，故王某的行为不构成表见代理，应由其个人自行承担合同义务的法律后果。

A公司与王某之间是资质挂靠关系，被告A公司是否应当对被告王某的债务承担连带责任？司法审判实务主要有三种观点：第一种是受益说。认为被挂靠人为挂靠人的挂靠行为提供便利，收取管理费而获得利益，应对挂靠人的债务承担连带责任。如在（2018）最高法民申4718号褚某与舒某等建设工程分包合同纠纷案中，最高人民法院持此种观点。第二种是违法过错说。认为被挂靠人出借资质违法，存在过错，被挂靠人应对挂靠人的债务承担相应责任。如在（2020）最高法民申4642号吉林某建有限公司与常某等建设工程施工合同纠纷案中，最高人民法院持此种观点。第三种是表见代理说。认为挂靠人的行为构成表见代理的，被挂靠人应对挂靠人的债务承担连带责任，反之，则不应承担责任。如在（2021）最高法民申2300号某建东方装饰有限公司与上海某实业发展有限公司等建设工程施工合同纠纷案中,最高人民法院持此种观点。

笔者认为,司法实践中法院多判决被挂靠人承担连带责任,这一观点值得商榷。因为根据《民法典》第一百七十八条第三款规定"连带责任,由法律规定或当事人约定",明确了连带责任的法定性和约定性原则。在建设施工领域,只有发生工程质量问题时,依据《建筑法》第六十六条和《建工合同解释(一)》第七条规定被挂靠人与挂靠人承担连带赔偿责任。目前尚无法律、行政法规和司法解释规定被挂靠人对挂靠人对外转包、违法分包工程等发生的债务承担连带责任。虽然挂靠行为被法律所禁止,但已有相应的行政惩罚措施,不应无限扩大被挂靠人的责任,要防止连带责任的泛化。所以司法审判还应回归理性,遵循其固有的逻辑规则,应坚守"合同的相对性原则",让合同相对人承担应有的责任。综上,笔者认为,本案中不应让被告河南某建筑公司对被告王某的债务承担连带责任。

【类案裁判】

一、有关未完工程价款如何确定的问题

1. 最高人民法院(2014)民一终字第69号民事判决书(最高人民法院公报案例)

裁判要旨:作为承包人的某升公司,其实现合同目的、获取利益的前提是完成全部工程。因此,本案的计价方式,贯彻了工程地下部分、结构施工和安装装修三个阶段,即三个形象进度的综合平衡的报价原则。本案中,某升公司将包括地下部分、结构施工和安装装修在内的土建+安装工程全部承揽,其一次性包死的承包单价是针对整个工程作出的。如果某升公司单独承包土建工程,其报价一般要高于整体报价中所包含的土建报价。作为发包方的某豪公司单方违约解除了合同,如果仍以合同约定的1 860元/m^2作为已完工程价款的

计价单价,则对某升公司明显不公平。合同解除时,某升公司施工面积已经达到了双方审定的图纸设计的结构工程面积,但整个工程的安装、装修工程尚未施工,某升公司无法完成与施工面积相对应的全部工程量。此时,如果仍以合同约定的总价款约 68 345 700 元确定本案工程价款,则对某豪公司明显不公平,这也印证了双方当事人约定的工程价款计价方法已无法适用。最后,根据本案的实际,确定案涉工程价款,只能通过工程造价鉴定部门进行鉴定的方式进行。审理此类案件,除应当综合考虑案件实际履行情况外,还特别应当注重双方当事人的过错和司法判决的价值取向等因素,以此确定已完工程的价款;对于未完工程应以政府部门发布的预算定额结算已完工工程价款。

2. 焦作中级人民法院(2022)豫 08 民终 520 号民事判决书

裁判要旨:涉案工程因不可归责于某弘公司的原因导致未实际完工,且根据一般建筑常识,前期建设投入成本高于后期成本,未完工工程已造成承包方利润减少,如再按照约定进行让利则会有失公平。同时未完工工程的工程价款不明确,则依照《合同法》第六十二条第二款之规定,按照政府部门发布的定额计算已完工价款,符合法律规定;某弘公司作出让利的承诺是基于其对工程项目全部施工完毕能够获得利润的基础上,而在合同履行过程中,因不可归责于某弘公司的原因导致工程未全部施工完毕,不应完全依据施工协议约定的固定总价方式结算。

二、关于承包合同性质属于"建设工程承包合同关系"还是"劳务分包合同关系"

最高人民法院(2021)最高法民申 2535 号民事裁定书

裁判观点:原被告均认可某邦劳务公司先进场施工,后补签《分包合同》和补充协议,该合同和补充协议中均明确约定某邦劳务公司承包的范围包括人工费、机械费、周转材料费、消耗材料费等费用,并约定由某邦劳务公司自行采购图纸上的所有材料。而且,案涉工程项目部由某邦劳务公司搭建,某邦劳务公司实际进行施工管理、指派相关施工人员驻守工地,负责核实土石方台班费、联系材料商等,并完成了施工。西藏某建筑工程公司与材料商补签《材料采购合同》和付款的行为,不能否定某邦劳务公司实际完成案涉工程的事实。因此,原审判决认定某邦劳务公司与西藏某建筑工程公司之间形成的是案涉工程的承包合同关系,而非仅是劳务分包合同关系,并无不当。

【法条索引】

《最高人民法院关于审理建设工程施工合同纠纷案件适用法律问题的解释(一)》第二十八条、第二十九条、第三十三条、第四十三条;《民法典》第五百七十七条、第八百零四条。

案例 11

案外人某龙化工公司执行异议之诉[①]

——租赁权人是否有权阻止向受让人
移交租赁标的物

【案情简介】

2013年12月10日,原告某农村商业银行(以下简称农商行)与借款人某达商贸公司、抵押人某安公司和某达国际公司签订借款协议书,抵押物为某安公司名下的1895号-幢3房产,并于2014年3月14日办理了抵押登记。法院于2017年7月3日作出(2017)豫08民初11号生效民事判决,判决被告某达商贸公司按期履行付款义务,如未按期履行付款义务,原告有权对抵押物折价或以拍卖、变卖该质押物的价格优先受偿。该判决生效后,某达商贸公司等未履行生效法律文书所确定的义务。

2018年6月25日,法院作出执行裁定,查封了被执行人某安公司名下位于1895号-幢3的房产。2021年12月8日,法院作出执行裁定书,裁定拍卖被执行人某安公司名下1895号-幢3房产及土地使用权。2022年1月20日,法院发布拍卖公告,拍卖公告内容"特别提醒"部分载明:"上述拍品在抵押前存在租赁关系,租期截止时间

[①] 案例来源:焦作市中级人民法院(2022)豫08民初40号民事判决书;河南省高级人民法院(2022)豫民终1025号民事判决书。

2032年7月19日。拍卖成交后,关于租赁关系的后续事宜由相关当事人自行解决,在租赁期关系存续期间,法院不进行腾房交付。"原告对上述拍卖公告中有关租赁关系的内容提出书面异议。2022年3月15日,法院作出执行裁定,裁定撤销本院2022年1月20日发布的拍卖公告中关于被执行人某安公司名下1895号-幢3房产存在租赁关系的认定。该抵押物现已被强制执行拍卖并以物抵债给原告,执行案件终本。

在案件终本后,被告某龙化工公司以其存在租赁为由,对本案拍卖标的物1895号-幢3房产提出书面异议,要求不移交拍卖标的物,法院作出(2022)豫08执异98号执行裁定支持了某龙化工公司的异议请求,即在对案涉房地产处置时应当依法保护某龙化工公司在合同租赁期内享有的租赁权。原告认为该裁定错误,不应对抗原告的抵押权,依法提起本案执行异议之诉,请求判令撤销(2022)豫08执异98号执行裁定书,确认被告某龙化工公司不享有对抗原告抵押权的权利,应将1895号-幢3房产及土地使用权腾空交付于原告。

【裁判结果】

一审判决:某龙化工公司对1895号-幢3房产不享有租赁权,不能阻止交付。二审维持原判。

【裁判评析】

本案是典型的案外人执行异议之诉。本案主要争议焦点问题是某龙化工公司对案涉房产是否享有真实合法的租赁权,能否阻止交付。

根据《民法典》第七百二十五条规定:"租赁物在承租人按照租赁合同占有期限内发生所有权变动的,不影响租赁合同的效力。"《最高人民法院关于人民法院民事执行拍卖、变卖财产的规定》第二十八条第二款规定:"拍卖财产上原有的租赁权及其他用益物权,不因拍卖而消灭,但该权利继续存在于拍卖财产上,对在先的担保物权或者其他优先受偿权的实现有影响的,人民法院应当依法将其除去后进行拍卖。"《最高人民法院关于人民法院办理执行异议和复议案件若干问题的规定》第三十一条规定:"承租人请求在租赁期内阻止向受让人移交占有被执行的不动产,在人民法院查封之前已签订合法有效的书面租赁合同并占有使用该不动产的,人民法院应予支持。承租人与被执行人恶意串通,以明显不合理的低价承租被执行的不动产或者伪造交付租金证据的,对其提出的阻止移交占有的请求,人民法院不予支持。"本案中,被告某龙化工公司的租赁权是否合法有效,是否先于房屋抵押权和法院查封之前,是本案裁决的关键。

首先,2013年12月10日,原告与借款人某达商贸公司、抵押人某安公司和某达国际公司签订的协议书,该协议书载明案涉房产由某达国际公司承租10年,租期自2010年3月17日至2020年3月16日,并提交了租赁双方2010年3月10日签订的《房产租赁合同》。2014年3月14日,原告就案涉房产办理了他项权证。基于上述基础事实,本案执行依据(2017)豫08民初11号民事判决明确原告有权对抵押物(案涉房产)折价或以拍卖、变卖该质押物的价格优先受偿。2012年5月30日,某龙化工公司与某安公司签订《租赁合同》,约定将案涉房产出租给某龙化工公司,租期20年,自2012年7月20日至2032年7月19日。某龙化工公司主张该租赁合同时间在案涉房产被抵押之前,要求排除本案的执行,阻止向申请执行人原告的交付。某龙化工公司与某安公司签订的租期为20年的《租赁合同》与某安公司办理贷款时提供的其与某达国际公司签订的租期为10年的《房产租赁合同》明显存在矛盾。

其次,某龙化工公司与某安公司签订的《租赁合同》,租期长达20

年,租金400万元且一次性付清;案涉房产的房屋所有权证载明房产面积为16 659.25 m²。该《租赁合同》约定的价格明显低于正常市场,应当认定为《最高人民法院关于人民法院办理执行异议和复议案件若干问题的规定》第三十一条规定的"以明显不合理的低价承租被执行的不动产"的情形。

再次,某龙化工公司与某安公司的租赁合同是否真实,要结合是否实际支付租金来判断。某龙化工公司为证明实际支付了租金,提交了公司给卢某转账200万元的转账支票一张,给李某转账100万元的转账支票两张及相应的进账单。卢某、李某的身份无法确定,与出租人某安公司是何关系亦无法证实,即使转账实际发生,也不能证明该400万元系支付某安公司租金的转账。且在本案所涉执行异议案件的听证会上,某龙化工公司又有过"与某安公司互付债务、是出租人承租人通过债务抵消的方式支付"陈述,与本案中提供转账支票称租金系通过转账支付相矛盾。

结合前文所述,案涉房产在2010年已有10年的租赁合同在前,而某龙化工公司的租赁合同发生在2012年,时间在后。一次性缴清20年400万元的租金、租金价格低于正常市场租金价格,不符合市场交易习惯,亦不符合常理,不能排除恶意串通的嫌疑。综上,某龙化工公司不能证明实际支付过租金,亦不能证明某龙化工公司与某安公司的租赁合同关系真实存在,即便某龙公司实际占有、使用案涉房产,亦不能阻止案涉标的物的交付。故,被告某龙化工公司无权在租赁期内阻止向受让人移交租赁占有的被执行的不动产。

【类案裁判】

1. 最高人民法院(2014)民申字第215号民事裁定书

裁判要旨:"以租抵债"不适用"买卖不破租赁"原则。《房屋使用权抵债合同》是债务人以其房屋使用权抵偿欠款的合同之债,不同于出租人与承租人之间签订的房屋租赁合同。……故本案不适用合同法规定的"买卖不破租赁"原则。

2. 天津市和平区人民法院(2021)津 0101 执异 51 号执行裁定书

裁判要旨:房屋租赁合同未在不动产登记管理部门登记备案的相关手续,亦不能证明交付房屋租金的事实,无法认定房屋享有合法有效的承租权及优先购买权。本案中,虽然魏某彤提交了涉案房屋的房屋租赁合同,但未提交该合同在不动产登记管理部门登记备案的相关手续,该合同亦未经其他法律途径依法确认,关于魏某彤提交的转账记录,亦仅能证明魏某彤向王某永转账 650 000 元的事实,难以证明该款项为房屋租金,因此本院无法认定魏某彤对涉案房屋享有合法有效的承租权及优先购买权。故对魏某彤要求撤销拍卖裁定,停止对涉案房屋执行并由其继续承租使用的异议请求,本院不予支持。

3. 浏阳市人民法院(2022)湘 0181 执异 146 号执行裁定书

裁判要旨:《最高人民法院关于人民法院民事执行中拍卖、变卖财产的规定》第二十八条第二款规定,拍卖财产上原有的租赁权及其他用益物权,不因拍卖而消灭,但该权利继续存在于拍卖财产上,对在先的担保物权或者其他优先受偿权的实现有影响的,人民法院应当依法将其除去后进行拍卖。本案中,本院拍卖的被执行人李某所有的位于浏阳市沿溪镇沿溪桥居委会新城组权证号码为浏房权证字第 00****号房屋,于 2016 年 8 月 3 日办理抵押登记,抵押权人为湖南某银行股份有限公司某某支行,某某支行为申请执行人湖南浏阳农村商业银行股份有限公司的分支机构,房屋抵押状态有效。李某与罗某某签订《租赁合同》的时间为 2016 年 12 月 20 日。因上述房屋抵押登记在前,租赁关系形成在后,租赁关系不得对抗已登记的抵押权。

【法条索引】

《民法典》第七百二十五条;《民事诉讼法》第二百三十四条;《最高人民法院关于适用〈中华人民共和国民事诉讼法〉的解释》第三百零二条;《最高人民法院关于人民法院民事执行中拍卖、变卖财产的规定》第二十八条第二款;《最高人民法院关于人民法院办理执行异议和复议案件若干问题的规定》第三十一条。

案例 12

申请执行人某铁路电缆公司执行异议之诉[①]
——投标保证金退还义务主体到底是谁

【案情简介】

2019年12月,原告某铁路电缆有限责任公司(以下简称铁路电缆公司)投标中国某塔股份有限公司河南省分公司"郑州轨道交通3号线一期、4号线公网覆盖项目漏泄电缆及配件、馈线及配件项目",被告某汇项目管理有限公司(以下简称某汇公司)为招标代理人,依据该项目《招标文件》要求,铁路电缆公司于2019年12月26日以转账方式向某汇公司缴纳了20万元的投标保证金。2019年12月31日,中国某塔股份有限公司在其商务平台对其招标结果进行公告,铁路电缆公司未中标该项目。根据《招标文件》规定,"招标人最迟应当在书面合同签订后5日内向中标人和未中标的投标人退还投标保证金及银行同期存款利率",某汇公司应当退还铁路电缆公司投标保证金并支付利息。经铁路电缆公司多次催要,某汇公司于2020年7月30日向铁路电缆公司退还了10万元投标保证金,截至2021年8月31日,某汇公司仍未退还剩余的10万元投标保证金,故铁路电缆公司诉至法院,请求判令被告某汇公司返还铁路电缆公司投标保证金

[①] 案例来源:郑州市高新经济技术开发区人民法院(2022)豫0191执异176号执行裁定书。

10万元及利息损失9 556.5元。

经法院主持调解并依法作出(2021)豫0191民初26983号民事调解书,被告某汇公司同意分期返还原告铁路电缆公司投标保证金10万元,若被告某汇公司任意一期未按照上述约定足额支付款项,则原告铁路电缆有权就剩余全部未支付款项本金及利息一并向法院申请执行。后,被告某汇公司未履行调解书义务。铁路电缆公司于2021年11月24日向法院申请强制执行,因被告某汇公司无可供执行的财产,法院于2022年2月28日作出执行裁定书,终结该案件本次执行程序。

经查,被告某汇公司为一人有限责任公司,被告马某是被告某汇公司的唯一股东、法定代表人;某汇公司的分支机构洛阳分公司尚在正常经营。铁路电缆公司依法向法院申请追加被告马某和某汇公司洛阳分公司为(2021)豫0191民初26983号案件的被执行人,2022年5月27日,法院作出了(2022)豫0191执异176号执行裁定书,驳回了原告的追加申请。原告认为该裁定缺乏事实和法律依据,应当准予原告的追加申请。故,铁路电缆公司依法提起了执行异议之诉,请求判令追加被告马某、某汇项目管理有限公司洛阳分公司为(2021)豫0191民初26983号案件的被执行人,对被告某汇公司债务承担连带责任。

【裁判结果】

(1)追加被告马某为(2021)豫0191执16650号执行案件的被执行人,对某汇项目管理有限公司的债务承担连带清偿责任。

(2)驳回原告焦作铁路电缆有限责任公司的其他诉讼请求。

【裁判要旨】

根据《最高人民法院关于民事执行中变更、追加当事人若干问题的规定》第十五条第二款规定,作为被执行人的法人,直接管理的责任财产不能清偿生效法律文书确定债务的,人民法院可以直接执行该法人分支机构的财产。本案中,铁路电缆公司以某汇洛阳分公司系该公司的分公司为由,请求追加洛阳分公司为被执行人。根据上述法律规定,某汇公司作为被执行人不能清偿本案生效法律文书确定的债务,执行实施机构可以直接执行该公司的分支机构的财产。故对铁路电缆公司请求追加某汇洛阳分公司的异议请求,本院不予支持。

根据《最高人民法院关于民事执行中变更、追加当事人若干问题的规定》第二十条规定,作为被执行人的一人有限责任公司,财产不足以清偿生效法律文书确定的债务,股东不能证明公司财产独立于自己的财产,申请执行人申请变更、追加该股东为被执行人,对公司债务承担连带责任的,人民法院应予支持。本案中,股东马某作为某汇公司的唯一股东,未举证证明公司财产独立于自己的财产。故应当追加被告马某为(2021)豫0191执16650号案件的被执行人,对某汇公司的债务承担连带清偿责任。

【裁判评析】

本案系典型的申请执行人执行异议之诉。本案的主要争议焦点有以下三个:投标保证金退还义务主体到底是谁?一人公司的股东是否应对公司的债务承担责任?公司的责任财产仍不能清偿债务的,是否可以直接执行该法人分支机构的财产?

投标保证金是投标人按照招标文件规定的形式和金额向招标人递交的、约束投标人在投标有效期内履行其投标义务的担保,所担保的主要是合同缔结过程中招标人的权利。设定投标担保的目的在于保证投标人确有投标之诚意,保障招标活动的顺利进行。实践中,投标保证金的受益人、收取人是招标人,但也有一些招标文件载明的受益人或实际收取人是招标代理机构,招标代理人收取、保管和清退投标保证金是招投标活动中的通常做法。由此就产生疑问:谁是退还投标保证金的义务主体?司法实务中发生的涉及投标保证金的案件中,关于退还投保证金主体的争议就为数不少。

一种司法观点认为,代理机构收取投标保证金的法律后果均由招标人承担。理由是:根据《民法典》第九百二十五条关于"受托人以自己的名义,在委托人的授权范围内与第三人订立的合同,第三人在订立合同时知道受托人与委托人之间的代理关系的,该合同直接约束委托人和第三人;但是,有确切证据证明该合同只约束受托人和第三人的除外"的规定,招标代理人因代理行为产生的法律后果,应由其委托人招标人承担。在投标人未中标后,无论招标人是否实际收取该保证金,其作为招标委托人均应依照《中华人民共和国招标投标法实施条例》第三十一条关于"招标人终止招标的,应当及时发布公告……已经收取投标保证金的,招标人应当及时退还……所收取的投标保证金及银行同期存款利息"的规定退还投标保证金。至于投标保证金是否转交及如何管理,系招标人与招标代理人内部事宜,不得对抗第三人(投标人),招标人可就此问题向招标代理人另行主张。

另一种司法观点认为,招标代理机构负有退还之责。理由是:招标代理机构在招标平台发布招标公告、招标文件,投标人在招标代理机构购买招标文件,且将投标保证金汇入招标代理机构的账户。该投标保证金的性质系对投标人投标行为的约束和保证,该保证金在招投标工作终止前始终存放于招标代理机构的账户,保证金所有权处于待定状态。如果投标人在投标过程中有违规行为,招标人有权扣除投标保证金,此时,招标代理机构应将保证金交付招标人。而在招标人终止招标或者中标人没有随意毁标、提出附加条件或者恶意不履标等情况下,应由招标代理机作为保证金的返还主体,直接将投标保证金返还投标人。

综上,笔者认为,投标保证金应由招标人负责退还。理由是:招标代理机构所实施的招标行为直接约束招标人及投标人。在招投标活动中,招标代理机构应当在招标人委托的范围内办理招标事宜,该行为后果均应由招标人承担,其收取投标保证金的行为,对招标人发生效力,视为招标人自行为之,故退还招标保证金是招标人法定、固有的义务。招标人不能以其未收到保证金或其与招标代理机构签订的招标代理合同已约定由招标代理机构保管投标保证金为由而免除退还义务。当然,如果招标文件约定由招标代理机构负责收取、退还保证金,并且实际由招标代理机构收取并开具收据,应当由招标代理机构负责退还投标保证金,除非投标人能够证明已交给招标人。招标文件中关于投标保证金的收取、保管及退还约定属于《民法典》关于委托代理合同的例外规定,只约束受托人与第三人。如无此约定,则招标代理机构尽管代为收取、保管投标保证金,也没有直接向投标人退还投标保证金的必然责任。

【类案裁判】

1. 郑州市中级人民法院(2016)豫01民终159号民事判决书

裁判要旨:关于某工程学院称收取某某公司10万元投标保证金的单位是某某招标采购服务有限公司,某工程学院没有收到该笔保证金,招标公司也没有将其收到的投标保证金转交给某工程学院,应由招标公司承担退还投标保证金义务的上诉理由。因为本案中工程学院是招标人,其委托某某招标采购服务有限公司代理招标,工程学院与招标公司之间是委托代理关系。代理人在代理权限内,以被代理人的名义实施民事法律行为,被代理人对代理人的代理行为承担民事责任。某某公司向某工程学院主张返还投标保证金,于法有据。

2. 哈尔滨市中级人民法院(2019)黑 01 民终 8059 号民事判决书

裁判要旨：招标代理机构在招标活动中具有一定的独立性，招标代理机构收取投标保证金旨在维护其开展招投标活动的正常秩序，从上述规定可知招标人与招标代理机构均为退还投标保证金的主体，究竟由谁返还应根据具体案情而定。案涉工程招标文件约定，投标保证金汇至代理机构账户。事实上投标保证金是由某某招标代理公司直接收取并开具收据，没有证据证明某某招标代理公司已将该投标保证金转交给某某教育局。招标文件同时约定由招标代理机构负责退还投标保证金。因此在某某市政工程公司应当明知上述约定内容的情况下，招标文件中关于投标保证金的收取、保管及退还的条款属于《合同法》第四百零二条规定的例外情形，只约束某某招标代理公司与某某市政工程公司。

【法条索引】

《民法典》第九百二十五条；《公司法》第十四条；《最高人民法院关于民事执行中变更、追加当事人若干问题的规定》第十五条、第二十条。

商事案例

案例 13

刘某与焦作某公司、白某、马某股东损害公司债权人利益责任纠纷案①

——未届出资期限的股东对公司债权人应否承担补充赔偿责任

【案情简介】

2017年1月5日,刘某与焦作某公司签订《外装修玻璃幕墙工程承包合同》,合同约定:"本工程合同签订后甲方支付乙方壹万元的工程预付款,待乙方工程施工完成后,甲方最晚于2017年4月15日前支付乙方实际完成工程的95%工程款。剩余5%的工程款作为工程质量保证金,一年保修期期限后,无质量问题保修金退还。"2017年10月24日,刘某与焦作某公司对涉案工程作出结算,工程款金额为394 680元。2021年6月3日,经刘某与焦作某公司对账确认,涉案工程尚余工程款151 680元未支付。

申请人刘某认为,白某、马某作为焦作某公司的股东,其出资资本均为认缴,均未实缴到位,依据《最高人民法院关于适用〈中华人民共和国公司法〉若干问题的规定(三)》第十三条第二款,公司债权人请求未履行或者未全面履行出资义务的股东在未出资本息范围内对公司债务不能清偿的部分承担补充赔偿责任的,人民法院应予支持。

---

① 案件来源:焦作仲裁委(2022)焦仲裁字第314号仲裁裁决书。

因此，白某、马某应在其未出资本息范围内对焦作某公司的上述债务承担补充赔偿责任。

刘某多次向被申请人索要工程款，索要无果。现刘某为维护自身合法权益，特向当地仲裁委提起仲裁，请求依法裁决焦作某公司向刘某支付工程款 151 680 元及利息；裁决被申请人股东白某、马某对上述款项承担补充赔偿责任。

【裁判结果】

(1) 被申请人焦作某公司自本裁决生效之日起 15 日内向申请人刘某支付工程款 151 680 元及利息(利息以 151 680 元为基数，按照全国银行间同业拆借中心公布的同期贷款市场报价利率，自 2021 年 6 月 3 日起计算至实际清偿之日止)。

(2) 驳回申请人刘某的其他仲裁请求。

【裁判要旨】

在注册资本认缴制下，股东认缴出资的期限利益受法律保护。申请人请求未届出资期限的被申请人白某、马某在未出资范围内对公司债务承担补充赔偿责任，仲裁庭不予支持。

【裁判评析】

本案的核心争议焦点是白某、马某的出资义务能否加速到期，进而对公司债务承担补充赔偿责任问题。

2014 年 3 月 1 日开始，实缴资本制逐步变更为认缴资本制，认缴资本制下，股东在公司设立时不一定负有立即缴纳出资的义务，股东只需要在出资期限届满前缴清出资即可,这就是股东享有的期限利益。2019年发布的《全国法院民商事审判工作会议纪要》进一步明确股东的期限利益受到法律保护。《全国法院民商事审判工作会议纪要》第六条:"在注册资本认缴制下,股东依法享有期限利益。债权人以公司不能清偿到期债务为由,请求未届出资期限的股东在未出资范围内对公司不能清偿的债务承担补充赔偿责任的,人民法院不予支持。"可见,在一般情况下,出资期限届满前,债权人无权要求股东提前缴纳出资,这是对股东期限利益的保护,避免认缴制变成一纸空文。但在公司债权人的利益和股东的期限利益出现了冲突时,为了平衡两者权益,法律规定如果出现如下几种情况,出资加速到期,即债权人有权要求股东在出资期限未届满前缴纳出资。

第一,公司进入破产程序。《企业破产法》第三十五条规定:"人民法院受理破产申请后,债务人的出资人尚未完全履行出资义务的,管理人应当要求该出资人缴纳所认缴的出资,而不受出资期限的限制。"

第二,无财产可供执行,且具备破产原因。根据《全国法院民商事审判工作会议纪要》第六条第一项例外情形,公司被列为被执行人后,如果法院发现穷尽执行措施无财产可供执行,并且公司已经具备破产原因,但却不申请破产的,可以引发出资加速到期。

第三,公司债务产生后,延长股东出资期限。根据《全国法院民商事审判工作会议纪要》第六条第二项例外情形,如果公司股东在公司债务产生后,通过股东会决议或其他方式延长股东出资期限的,出资加速到期。这项规定旨在防止股东为了逃避出资义务通过作出股东会决议、修改章程等方式滥用股东期限利益,损害债权人合法权益。

第四,公司解散时,分期缴纳尚未届满缴纳期限的出资也应作为清算财产。根据《最高人民法院关于适用〈中华人民共和国公司法〉若干问题的规定(二)》第二十二条的规定,公司解散时,股东尚未缴纳的出资均应作为清算财产,既包括到期应缴未缴的出资,也包括分期缴纳尚未届满缴纳期限的出资。

上述法律规定,仅能作为公司破产与解散清算的场合下股东出资义务加速到期的法律依据,但对于其他情形下股东出资义务加速到期的法律依据何在?根据《最高人民法院关于适用〈中华人民共和国公司法〉若干问题的规定(三)》第十三条第二款"公司债权人请求未履行或者未全面履行出资义务的股东在未出资本息范围内对公司债务不能清偿的部分承担补充赔偿责任的,人民法院应予支持;未履行或者未全面履行出资义务的股东已经承担上述责任,其他债权人提出相同请求的,人民法院不予支持",那么"未届出资期限"算不算"未履行或未全面履行出资义务"?

笔者认为,"未届出资期限"不构成"未履行或未全面履行出资义务",理由如下。第一,根据《公司法》第三条第二款规定"有限责任公司的股东以其认缴的出资额为限对公司承担责任;股份有限公司的股东以其认购的股份为限对公司承担责任";第二十六条第一款规定"有限责任公司的注册资本为在公司登记机关登记的全体股东认缴的出资额";《公司法》第二十八条第一款规定"股东应当按期足额缴纳公司章程中规定的各自所认缴的出资额"。依据上述法律规定,股东出资认缴制系现行《公司法》的明文规定,股东依法获得认缴出资的期限利益受法律保护。第二,根据《全国法院民商事审判工作会议纪要》第六条的规定:"在注册资本认缴制下,股东依法享有期限利益。债权人以公司不能清偿到期债务为由,请求未届出资期限的股东在未出资范围内对公司不能清偿的债务承担补充赔偿责任的,人民法院不予支持。但是,下列情形除外:① 公司作为被执行人的案件,人民法院穷尽执行措施无财产可供执行,已具备破产原因,但不申请破产的;② 在公司债务产生后,公司股东(大)会决议或以其他方式延长股东出资期限的。"该规定可以说是在股东期限利益受保护与禁止权利滥用原则找到了平衡点,落实了股东"以出资为限承担责任"的有限责任原则。第三,在注册资本认缴制下,规定股东的出资加速到期的,目前只有两个法律条文:一个是《企业破产法》第三十五条,另一个是《最高人民法院关于适用〈中华人民共和国公司法〉若干问题的规定(二)》第二十二条第一款。这两条规定的法理在于,公司破产或者强制清算后将终止存在(在破产重整、和解的场合,公司不终止,但清理债权债务同破产清算一样),不可能再根据原定期限请求股东履行。因此,如果公司不能要求股东提前缴付出资,则股东将逃避履行对公司的出资义务,并进而损害公司债权人和其他股东的正当利益。对于公司股东而言,虽然章程规定了明确的出资期限,但是由于出资义务的对象是公司,因此,章程规定的出资期限不能超过公司的存续期限。所以,一旦公司破产或者强制清算,则视为章程规定的出资期限届至,即加速到期。

千呼万唤始出来,2023年9月公布的《公司法》(修订草案三次审议稿)第五十三条:"公司不能清偿到期债务的,公司或者已到期债权的债权人有权要求已认缴出资但未届缴资期限的股东提前缴纳出资。"

本案中,白某、马某作为某公司的股东,根据公司的章程显示,两股东为认缴出资且出资期限尚未到期,申请人也未能提交证据证明某公司已经具备股东出资应否加速到期的除外情形,当然也就不适用《最高人民法院关于适用〈中华人民共和国公司法〉若干问题的规定(三)》第十三条的规定来追究两股东的补充赔偿责任。

【类案裁判】

有关未届出资期限的股东对公司债务是否应承担补充赔偿责任问题的认定,以下是笔者检索到与该问题相关的部分法院案例及裁判观点,供读者参考。

1.《最高人民法院公报》2022年第1期(总第305期)

裁判要旨：在注册资本认缴制下，公司债务产生后公司以股东(大)会决议或其他方式延长股东出资期限的，债权人以公司不能清偿到期债务为由，请求未届修改后出资期限的股东在未出资范围内对公司不能清偿的债务承担补充赔偿责任的，人民法院应予支持。

2. 最高人民法院(2020)最高法民申5769号案

裁判要旨：在注册资本认缴制下，股东应当按期足额缴纳公司章程规定的认缴出资额，股东对于认缴的出资享有期限利益，在出资期限届满前无实际出资的义务。因此，股东在认缴出资期限届满前转让股权，不属于未履行或者未全面履行出资义务。原股东在股权转让时一并移转了其出资义务，且在股权转让时无证据证明转让行为存在恶意串通或违反法律、行政法规的强制性规定的情形，故而不应对债权人承担责任。

3. 东莞市第一人民法院(2022)粤1971民初17504号

裁判要旨：① 虽根据第三人某格公司的章程显示，两被告认缴出资且出资期限尚未到期，但第三人某格公司作为被执行人的案件，人民法院已穷尽执行措施后仍无财产可供执行，某格公司作为已具备破产原因但未申请破产，此种情况下，应认定股东出资加速到期。② 被告朱某、第三人某格公司确认两被告的实缴出资为0元，被告朱某峰亦未提供证据证明其已实缴相应的出资，故在原告明确两被告在未出资本金范围内承担责任的情况下，依照《最高人民法院关于适用〈中华人民共和国公司法〉若干问题的规定(三)》第十三条第二款"公司债权人请求未履行或者未全面履行出资义务的股东在未出资本息范围内对公司债务不能清偿的部分承担补充赔偿责任的，人民法院应予支持……"之规定，被告朱某应在未实缴出资1680万元范围内、被告朱某峰应在未实缴出资420万元范围内对第三人某格公司债务不能清偿的部分承担补充赔偿责任。

4. 河南省高级人民法院(2019)豫民申 8937 号民事判决书

裁判要旨：非因公司破产或者解散清算时，债权人以公司不能清偿到期债权为由，请求未届出资期限的股东在未出资范围内对公司不能清偿的债务承担补充赔偿责任的，除了两种例外情形外，人民法院不予支持。两种例外情形是指：一是公司作为被执行人的案件，人民法院穷尽执行措施无财产可供执行，已具备破产原因，但不申请破产；二是在公司债务产生后，公司股东(大)会决议或以其他方式延长股东出资期限。涉案公司章程显示公司股东出资义务尚未届期，且债权人未提交证据证明涉案情形符合股东出资加速到期的两种例外情形，不能适用股东出资加速到期制度。

【法条索引】

《公司法》第三条第二款、第二十六条第一款、第二十八条第一款；《企业破产法》第三十五条；《最高人民法院关于适用〈中华人民共和国公司法〉若干问题的规定(二)》(2020年修正)第二十二条；《最高人民法院关于适用〈中华人民共和国公司法〉若干问题的规定(三)》(2020年修正)第十三条第二款；《全国法院民商事审判工作会议纪要》第六条。

案例 14

A冷冻商行与徐某、李某等股东损害公司债权人利益责任纠纷案①

——股东对公司债权人承担赔偿责任的情形

【案情简介】

原告A冷冻商行与B公司合同纠纷案已生效民事判决书认定，第三人B公司欠原告A冷冻商行债务78 847元及诉讼费和公告费2 553元。第三人B公司拒绝履行判决义务，A冷冻商行向法院申请强制执行，法院在执行过程中查明，被执行人B公司名下暂无其他可供执行财产，且已属于吊销营业执照状态，执行案件进入终结本次执行程序。

经查，第三人B公司于2011年4月14日申请设立，于2011年4月22日注册成立，注册资本50 000元。公司类型：有限责任公司（自然人投资或控股）。徐某出资30 000元，占投资比例60%，任法定代表人、执行董事；李某出资20 000元，占投资比例40%，任公司监事。投资款50 000元于2011年4月14日缴存B公司临时存款账户。2011年8月10日，B公司召开股东会，审议通过增加公司实收资本等事项，将注册资本由原来的50 000元增加至8 000 000元，其

---

① 案例来源：河南省武陟县人民法院(2022)豫0823民初4999号民事判决书；焦作市中级人民法院(2023)豫08民终505号民事调解书。

中增加部分由股东徐某以货币出资 4 770 000 元,股东李某以货币出资 3 180 000 元。2011 年 8 月 23 日,增资款项共计 7 950 000 元缴存至 B 公司临时存款账户。增资后,徐某出资 4 800 000 元,占变更后注册资本的 60%,李某出资 3 200 000 元,占变更后注册资本的 40%。

2011 年 8 月 23 日,增资款 7 950 000 元到账当天,B 公司基本户分四笔共计转出 7 950 000 元至案外人高某账户,摘要备注为"还款"。

2013 年 11 月 6 日,B 公司召开股东会,审议并通过以下事项:① 法定代表人由徐某变更为葛某;② 徐某将 20% 股权 1 600 000 元转让给葛某,李某将 10% 股权 800 000 元转让给葛某。同日,徐某、李某分别与葛某签订了 B 公司股权转让协议,B 公司出具任免职文件,任命葛某为公司法定代表人,同时免去徐某法定代表人职务。股权变更后徐某持股比例为 40%,李某持股比例为 30%,葛某持股比例为 30%。

2015 年 5 月 15 日,B 公司召开股东会,审议并通过以下事项:① 原法定代表人葛某变更为杨某,原监事李某变更为郑某;② 原股东徐某出资额 3 200 000 元,占 40% 股权,全部转让给杨某,原股东葛某出资额 2 400 000 元,占 30% 股权,全部转让给杨某,原股东李某出资额 2 400 000 元,占 30% 股权,全部转让给郑某,原股东徐某、葛某、李某变更为杨某、郑某。股权变更后杨某出资 5 600 000 元,占注册资本的 70%,郑某出资 2 400 000 元,占注册资本的 30%。

2018 年 6 月 29 日,B 公司营业执照被吊销,现登记状态为:吊销,未注销;现登记股东为杨某、郑某。

现 A 冷冻商行认为第三人 B 公司的原股东徐某、李某和葛某存在抽逃出资的行为,受让股东杨某和郑某存在逾期清算的行为,故向法院提起诉讼,要求股东徐某、李某、葛某、杨某、郑某对第三人 B 公司欠 A 冷冻商行的债务承担连带赔偿责任。

【裁判结果】

一审判决：① 被告徐某、李某于本判决生效之日起 10 日内在抽逃出资本息范围内对第三人 B 公司欠原告 A 冷冻商行的债务 78 847 元及诉讼费和公告费 2 553 元承担补充赔偿责任；② 被告杨某、郑某于本判决生效之日起 10 日内对第三人 B 公司欠原告 A 冷冻商行的债务 78 847 元及诉讼费和公告费 2 553 元承担赔偿责任；③ 驳回原告 A 冷冻商行的其他诉讼请求。

被告徐某、李某、杨某、郑某均不服，均提起上诉，二审调解结案。

【裁判要旨】

股东的抽逃出资行为降低了公司承担民事责任的能力，违反了资本法定原则，影响了交易相对人对其偿债能力的正确判断和交易安全。公司债权人有权请求抽逃出资的股东在抽逃出资本息范围内对公司债务不能清偿的部分承担补充赔偿责任；公司清算的核心目的是对公司终止之前的债权债务进行清理，若公司出现解散事由后，股东怠于对公司进行清算，不可避免会损害债权人利益，清算义务人则应对债权人承担赔偿责任。

【裁判评述】

本案是关于债权人向公司股东请求损害赔偿权的典型案例。有限责任赋予了股东仅以投资额为限承担投资风险的权利，因此，从公司债权人的角度来看，有限责任就是股东因出资而获得的一项权利。股东的有限责任对于股东权利形成了较好的保护，当股东仅以出资额为限对外承担责任,必然会引起广大股东对设立公司、扩大出资的热情。但是,任何制度的存在不可能完美无缺,必然会存在漏洞或者是缺陷。因此,需要对股东有限责任作出限制,当股东突破限制条件时,需要对债权人承担连带责任,以此保护公司的良好运转,同时也能保护其他股东、债权人的合法权利。笔者就本案主要涉及的以下两个争议焦点问题进行深入分析。

一、关于原股东徐某、李某、葛某是否存在抽逃出资的行为以及应否对第三人B公司的债务承担连带责任问题

股东出资是公司设立并从事生产经营活动的物质基础,股东出资形成的有限责任公司的全部法人财产是公司对外承担债务责任的保证,因此《公司法》第三十五条规定,公司成立后,股东不得抽逃出资。《最高人民法院关于适用〈中华人民共和国公司法〉若干问题的规定(三)》(以下简称《公司法解释三》)第十二条规定了股东抽逃出资的构成要件,其实质要件为抽逃出资行为损害了公司权益,形式要件表现为四种情形:"(一)制作虚假财务会计报表虚增利润进行分配;(二)通过虚构债权债务关系将其出资转出;(三)利用关联交易将出资转出;(四)其他未经法定程序将出资抽回的行为。"《公司法解释三》第十二条在2014年修正后删掉了"将出资款项转入公司账户验资后又转出的行为"属于抽逃出资的规定,前述修正是为适应公司注册资本登记制度改革以及《公司法》的修订而实施,虽然"将出资款项转入公司账户验资后又转出的行为"不再作为一项明文规定的股东抽逃出资的典型行为,但并不意味着该种行为一律不再认定为抽逃出资之性质。因此,对于股东是否构成抽逃出资,要坚持从抽逃出资的构成要件进行判断。

审查认定股东抽逃出资行为的关键是举证责任的分配。依据"谁主张,谁举证"这一民事诉讼法所规定的举证责任的分配原则,债

权人主张抽逃出资股东承担责任的,应该承担相应的举证责任。然而,由于股东抽逃出资的行为多以隐蔽方式进行,而且其关键证据,如公司的业务往来账册均保存于公司内部,故债权人举证事实上存在障碍和困难。根据证据距离理论,谁离证据近,谁就有义务提供证据。参照《公司法解释三》第二十条的规定,当事人之间对是否已履行出资义务发生争议,原告提供对股东履行出资义务产生合理怀疑证据的,被告股东应当就其已履行出资义务承担举证责任。该条款对于该类抽逃出资案件中如何分配原被告举证责任有参照适用价值,即:原则上由公司债权人举出对抽逃出资行为产生合理怀疑的初步证据即可,然后举证责任就转移到了股东一方,由股东证明自己并不存在抽逃出资的行为。"履行了出资义务"是一种积极事实,相对容易证明,亦符合有履行义务的人承担该义务已经履行的举证责任原则;而"未抽逃出资"乃是一种消极事实,要对消极事实进行举证,就需要股东就注册资本的去向做出合理的解释并进行充分举证,这样更符合实际操作。

就本案而言,B公司设立时有两人,分别为股东徐某持60%股权,股东李某持40%股权。2011年8月23日,徐某、李某出资的增资款7 950 000元到账后,当天即以还款的名义被转出。被告徐某、李某辩称,自己将资金转出系偿还第三人案外人高某债务的合法行为,但并未提供欠款凭证、借款支付凭证、公司账目等证据证明B公司与收款人案外人高某之间存在真实的债权债务关系,故徐某、李某的行为应认定为抽逃出资。

接下来的问题是,抽逃出资的股东徐某和李某是否应对公司债务承担责任呢?根据《公司法解释(三)》第十四条第二款规定,公司债权人请求抽逃出资的股东在抽逃出资本息范围内对公司债务不能清偿的部分承担补充赔偿责任、协助抽逃出资的其他股东、董事、高级管理人员或者实际控制人对此承担连带责任的,人民法院应予支持。本案中，B公司暂无可供执行的财产，无法清偿原告债务，徐某、李某应在抽逃出资本息范围内对B公司欠原告的债务中不能清偿部分承担补充赔偿责任。被告徐某、李某辩称，案涉债权债务是在股东徐某股权转让后产生的，应由股权受让人即本案被告杨某和郑某承担。笔者认为，虽然案涉债权是在股权转让之后产生的，但抽逃出资的事实发生在股权转让之前，已经造成公司的资产不当减少，影响到公司的偿债能力，即使股东将其持有的股权多次转让，但在其足额补缴所抽逃出资之前，对债权人权益的侵害亦处于持续状态，不应以时间长短或股权是否转让作为其不承担相应民事责任的依据，原股东徐某、李某仍应在其抽逃出资范围内对公司的债务承担补充赔偿责任。被告葛某并非B公司原始股东，是在被告股东徐某和李某抽逃出资之后才担任B公司的股东和法定代表人，不存在抽逃或协助抽逃出资情形，故，被告葛某不应当承担赔偿责任。

二、关于受让股东杨某、郑某应否对第三人B公司的债务承担连带责任问题

公司清算义务人制度的确立对于促使清算义务人积极履行义务，保障公司清算顺利进行有着重要的现实意义，股东等清算义务人未依法启动清算程序导致公司未清算或者因未履行义务导致公司主要财产、账册等灭失并导致公司无法清算时，应对公司债权人的债务承担赔偿责任或连带清偿责任。主要法律依据是：《公司法》第一百八十条第（四）项规定，公司因下列原因解散："（四）依法被吊销营业执照、责令关闭或者被撤销。"第一百八十三条规定："公司因本法第一百八十条第（一）项、第（二）项、第（四）项、第（五）项规定而解散的，应当在解散事由出现之日起十五日内成立清算组，开始清算。有限责任公司的清算组由股东组成，股份有限公司的清算组由董事或者股东大会确定的人员组成。逾期不成立清算组进行清算的，债权人

可以申请人民法院指定有关人员组成清算组进行清算。人民法院应当受理该申请,并及时组织清算组进行清算。"《最高人民法院关于适用〈中华人民共和国公司法〉若干问题的规定(二)》第十八条、第十九条、第二十条规定了五种有限责任公司股东需对债权人承担责任的情形:① 股东未在法定期限内成立清算组开始清算,导致公司财产贬值、流失、毁损或者灭失,债权人可主张其在造成损失范围内对公司债务承担赔偿责任;② 股东因怠于履行义务,导致公司主要财产、账册、重要文件等灭失,无法进行清算,债权人主张其对公司债务承担连带清偿责任;③ 股东在公司解散后,恶意处置公司财产给债权人造成损失,债权人可主张其对公司债务承担相应赔偿责任;④ 未经依法清算,股东以虚假的清算报告骗取公司登记机关办理法人注销登记;⑤ 公司未经清算即办理注销登记,导致公司无法进行清算,债权人可主张其对公司债务承担相应赔偿责任。

对于本案而言,一、二审法院认为,第三人 B 公司于 2018 年 6 月 29 日被吊销营业执照,杨某、郑某作为股东应在 15 日内成立清算组,开始清算。但被告杨某、郑某未提供证据证明其已经在法定期限内成立清算组开始清算,属于怠于履行义务,现 B 公司暂无可供执行的财产,可以认定为导致了公司财产贬值、流失、毁损或者灭失,被告杨某、郑某就应在损失范围内对 B 公司债务承担赔偿责任。笔者对此持不同意见,认为此裁判说理明显是一种"结果论"处理倾向,忽略了怠于履行义务之间的因果关系。法院在审理此类案件时往往只要查明清算义务人未在法定期限内成立清算组,就直接认定清算义务人未按期成立清算组的行为导致公司财产出现了损失或灭失,进而直接判决公司股东对公司的债务承担赔偿责任,这种法律逻辑推理不成立。如果清算义务人只是"未在法定期限内成立清算组",但没有证据证明该行为导致了公司财产贬损的,清算义务人也不应承担赔偿责任;也就是说股东等清算义务人只有"未在法定期限内成立清算组"且导致公司财产贬损的,清算义务人才应在造成损失的范围内承担赔偿责任;如果清算义务人"未在法定期限内成立清算组",但没有最终导致公司无法清算的,只要公司仍然可以进行清算,公司还应当进行清算,清算后如果因财产贬损而使债权人无法受偿的,清算义务人才应在造成损失的范围内承担赔偿责任。本案中,股东杨某和郑某如能够举证证明B公司主要财产、账册、文件灭失与其怠于履行清算义务之间没有因果关系的,也不应判令其承担赔偿责任。笔者建议,在此类清算责任纠纷案件中,清算义务人完全可以依据《全国法院民商事审判工作会议纪要》规定的"因果关系"及"诉讼时效期间"进行抗辩,避免出现股东清算责任的异化现象。

【类案裁判】

1. 最高人民法院(2017)最高法民申2729号民事裁定书

裁判要旨:某峰公司提交的证据材料证明公司验资的800万元来源于胡某的存单等,后该款在同一时间内作为某峰公司股东的出资,在完成验资后,上述款项先转入王某标账户,再通过危平账户转为胡某的存款。上述证据材料相互印证已形成证据链,能够证明某峰公司注册资本被抽逃的事实。因此,王某年应向公司承担补足出资的责任。

2. 最高人民法院(2014)民申字第1146号

裁判要旨:《公司法》规定,公司成立后,股东不得抽逃出资。本案中,曹某书的出资来源于向他人借款,在注册验资后即将该出资款转出归还他人,该行为构成抽逃出资,应向公司承担补足出资的责任。曹某书与董某军之间股份的转让、价格的确定等是曹某书与董某军之间的法律关系,对庆某都公司并无约束力,两者有关股份转让价格的约定,并不能推导出庆某都公司免除了曹某书的补足出资责任。若曹某书认为股份转让时未考虑全部补足出资后庆某都公司的资产,价格显失公平,或曹某书认为董某军已经承诺替其向公司补足出资,其可以依据与董某军签订的股份转让合同或董某军的承诺,向董某军另行主张。

3.(2020)最高法民申2293号民事裁定书

裁判要旨:《公司法解释二》第十八条第二款规定:"有限责任公司的股东、股份有限公司的董事和控股股东因怠于履行义务,导致公司主要财产、账册、重要文件等灭失,无法进行清算,债权人主张其对公司债务承担连带清偿责任的,人民法院应依法予以支持。"据此,有限责任公司的股东承担清算责任的前提是其因过错导致公司无法清算。本案中,某虹公司被吊销营业执照而解散后未自行清算,某药医药公司亦未申请法院强制清算,某虹公司是否无法清算的事实尚未确定,某药医药公司主张某虹公司股东承担清算责任的前提条件尚不具备。故某药医药公司径行要求陈某两人承担连带清偿责任的主张,缺乏事实基础和法律依据,本院不予支持。

4.(2016)最高法民再37号民事裁定书

裁判要点:《公司法解释(二)》第十八条第二款规定:"有限责任公司的股东、股份有限公司的董事和控股股东因怠于履行义务,导致公司主要财产、账册、重要文件等灭失,无法进行清算,债权人主张其对公司债务承担连带清偿责任的,人民法院应依法予以支持。"该条规定的是清算义务人怠于履行清算义务应承担的对债权人的侵权责任。其适用的法理基础是法人人格否定理论和侵害债权理论。因此,清算义务人承担上述清算赔偿责任,应符合以下构成要件:第一,清算义务人有违反法律规定,怠于履行清算义务的行为,即在公司解散后未在法定时间内开展清算事务或未在法定时间内完成清算事务,主观上存在不作为的过错,或者不适当执行清算事务,侵犯债权人利益。第二,清算义务人的行为造成了公司债权人的直接损失。

第三,清算义务人怠于履行清算义务的行为与公司财产或债权人的损失之间具有法律上的因果关系。

【法条索引】

《民法典》第七十条;《公司法》第三十五条、第六十三条、第一百八十条、第一百八十三条、第一百八十四条;《最高人民法院关于适用〈中华人民共和国公司法〉若干问题的规定(二)》第十八条第一款;《最高人民法院关于适用〈中华人民共和国公司法〉若干问题的规定(三)》第十二条、第十四条第二款;《全国法院民商事审判工作会议纪要》第十四条、十五条、十六条。

案例 15

孙某诉 A 化工科技有限公司股东知情权纠纷案[①]

——股东查账权的范围有多大

【案情简介】

被告 A 化工科技有限公司成立于 2011 年 2 月 24 日,原告孙某于 2019 年 3 月份通过股权转让取得被告 25% 的股权。原告孙某与案外人华某之间签订了《股权代持协议》,实际出资人即实际股东为华某,名义股东为原告孙某。被告主营的产品为间苯二甲酸五磺酸钠(5 - SIPA);经查,绍兴某化工企业主营的产品为间苯二甲酸五磺酸钠(5 - SIPA)、间苯二甲酸二甲酯五磺酸钠(5 - SIPM),华某系该绍兴某化工企业的股东和销售经理。2019 年 12 月 4 日,案外人华某作为公司监事向被告及当时的执行董事毕某发送监事行使财务检查权的《告知函》,要求行使监事检查权被拒绝。同日,原告孙某向被告发送《关于行使股东知情权之告知函》,要求行使股东知情权,但被告以保护企业商业秘密为由,拒绝原告查询和复制相关财务凭证。

2019 年 12 月 31 日被告召开临时股东会,形成 2019 年度临时股东会决议,审议通过了《关于审议股东知情权的议案》:股东要求查阅公司会计账簿的,应当向公司提出书面请求,说明正当目的。公司

[①] 案件来源:河南省沁阳市人民法院(2020)豫 0882 民初 2433 号民事判决书。

有合理根据认为股东查阅会计账簿有不正当目的,可能损害公司合法利益的,可以拒绝提供查阅;为维护本公司商业秘密,股东不得查阅和复制公司会计凭证和相关交易合同。

原告认为,作为持有被告25%股权的股东,欲通过正常途径了解公司的经营状况和财务状况却频频受阻,被告的行为已经严重侵害原告的合法权益。根据《公司法》相关规定,原告享有股东知情权,故诉至法院,提出如下诉讼请求:① 判令被告提供自2017年12月1日起至判决生效之日,全部的股东会决议、股东会会议记录、执行董事决定,供原告查阅并复制;② 被告与毕某等股东的所有关联交易的账目往来、合同凭证、从被告账户汇款给毕某等股东的所有银行流水记录、财务记账凭证,供原告查阅;③ 判令被告提供自2017年1月1日起至判决生效之日,被告每年度企业所得税报表、每年度企业所得税汇算报表、企业增值税12月份报表,供原告查阅;④ 判令被告提供自2017年1月1日起至判决生效之日,经被告财务负责人、法定代表人签字的财务会计报告、财务报表(包括但不限于资产负债表、损益表、现金流量表、财务状况变动表、利润表等),供原告查阅并复制;⑤ 判令被告提供自2017年1月1日起至判决生效之日,被告的会计账簿(包括但不限于总账、明细账、日记账和其他辅助性账簿)和全部会计原始凭证、记账凭证,供原告查阅。

被告A化工科技公司辩称:① 关于原告第1项和第4项诉请,被告之前已经无条件提供给原告查阅和复制,被告也同意原告随时查阅、复制。原告诉称从未向其披露过被告的财务资料,明显不属实。② 关于原告第2项、第3项诉请超出了法律规定的股东知情权的查阅范围,股东知情权的行使应严格按照我国《公司法》规定的范围行使,不得突破法律规定的限制,故原告无权提起上述几项诉请。③ 关于原告第5项诉请中关于查阅会计原始凭证、记账凭证的诉请,法律法规未赋予股东查阅会计凭证的权利。主要理由是:公司的会计原始凭证往往涉及公司的核心商业秘密,公司掌握的客户资料、交易合同、商品价格等信息都属于最基本的商业秘密,在会计原始凭证中反映得清清楚楚,若不加限制则极易损害公司的商业秘密,会构成权利的滥用。故原告无权提起该项诉请。④ 关于原告第5项诉请中要求查阅会计账簿的请求,我国《公司法》虽然规定了股东享有此项权利,但是为了防止该项权利的滥用,《公司法》规定"公司有合理根据认为股东查阅会计账簿有不正当目的,可能损害公司合法利益的,可以拒绝提供查阅"。本案中,被告有合理的事实根据及法律依据认定原告查阅会计账簿具有不正当目的,即符合《最高人民法院关于适用〈中华人民共和国公司法〉若干问题的规定(四)》(以下简称《公司法司法解释(四)》)第八条前两项所列举的情形,会损害公司合法利益,故被告有权决定不提供会计账簿供原告查阅,该项诉请也不应得到支持。

【裁判结果】

(1) 判决被告A化工科技有限公司应于本判决生效之日起10日内将2017年12月1日起至本案判决生效之日止的股东会决议、股东会会议记录、执行董事决定,置于其公司住所地供原告孙某查阅并复制。

(2) 判决被告A化工科技有限公司应于本判决生效之日起10日内将2017年1月1日起至判决生效之日止的财务会计报告、财务报表,置于其公司住所地供原告孙某查阅并复制。

(3) 驳回原告孙某的其他诉讼请求。

【裁判要旨】

股东作为公司的投资者,享有股利分配权的同时,亦享有了解公司财产使用状况及重大经营决策的权利,依照《公司法》第三十三条的规定,原告作为被告公司的股东,有权查阅、复制股东会会议记录、财务会计报告,被告应当予以提供,故对其该诉请,法院予以支持;关于原告要求查阅被告会计账簿的诉请,虽然原告已经通过特快专递向被告邮寄了查阅申请,但被告庭审中提供了充分的证据证明原告查询会计账簿具有不正当目的,故对原告该项诉请,法院不予支持;关于原告查阅会计凭证的诉请,根据《公司法》的规定,股东可以要求查阅、复制的资料并不包括会计凭证。所以,股东知情权的行使应严格按照我国《公司法》规定的范围行使,不得突破法律规定的限制,即"会计凭证"因超越法律规定范围而不应被提供查阅。且被告章程修正案中也明确"股东无权查阅和复制公司会计凭证和相关交易合同",若股东对公司经营的所有信息事无巨细均要求查阅,将不利于被告的正常经营和运转,也不利于被告商业秘密的保护。故对原告该项诉请,法院不予支持。

【裁判评析】

本案属于典型的股东知情权纠纷案件。股东知情权是指股东在满足特定条件下,请求公司提供资料以供查阅或复制的权利,是基于股东身份而享有的不可剥夺和限制的权利。股东可不受任何限制地查阅、复制公司章程、股东会会议记录、董事会会议决议、监事会会议决议和财务会计报告,而对于查阅公司会计账簿、原始凭证等则有着一定的限制,股东不得有可能损害公司合法利益的不正当目的。司法实践中,争议较大的就是股东是否有权要求查阅会计账簿和会计凭证,笔者将着重对以下几个主要争议焦点问题进行法律分析。

一、关于原告股东是否有权查阅和复制会计账簿的问题

一种观点认为,原告孙某认为其要求查阅会计账簿不存在不正

当目的,应当支持。理由是:①孙某于2019年11月要求行使知情权的函件中,已向被告告知了其查阅会计账簿的目的,即"全面了解公司运营及财务状况,维护股东知情权,防止他人损害公司利益"。该目的符合《公司法》及其司法解释的规定,具有正当性。②被告提供的证据材料并未证明孙某要求查阅会计账簿具有不正当性。被告的主要产品为间苯二甲酸五磺酸钠,5-SIPA;而绍兴某化工公司主营的产品为间苯二甲酸二甲酯五磺酸钠,即5-SIPM(三单体),5-SIPA与5-SIPM并非同类商品,实际上,5-SIPM(三单体)的每吨单价相较于5-SlPA高出1万元,并非竞争关系,而完全是两种层次的产品,无法构成直接竞争关系。因此,无法认定绍兴某化工公司与被告的主营业务存在实质性竞争关系。③孙某已提交证据证明,早在被告与其客户合作前,绍兴某化工公司即已与相应客户建立了合作关系,其要求查阅被告的会计账簿,亦不会存在不正当目的,也不会对被告产生额外的负担,孙某要求查阅会计账簿的诉讼请求应当被支持。

另一种观点认为,原告无权要求查阅公司会计账簿,理由如下:①《公司法》第三十三条第二款对股东要求查阅公司会计账簿的,仅是规定"可以要求查阅",是否同意查阅,还要区分股东要求查阅的行为是否有正当目的,是否损害公司合法利益。如果公司有合理根据认为股东查阅会计账簿有不正当目的,可能损害公司合法利益的,公司可以拒绝股东提出的查阅要求。②公司会计账簿往往涉及公司的核心商业秘密,包括营业的客户、交易金额、单价、数量等等,原告股东本来跟公司就离心离德,这些东西如果让原告股东都知道,反过来可能有损于公司利益。③在本案中,原告孙某仅仅是被告的名义股东,代替华某在被告持股,真正的股东是华某,被告在庭审中提交了充分证据证明该事实。华某作为被告的隐名股东,同时又是同行业其他公司即绍兴某化工公司的股东和销售经理,上述公司主营业务与被告重合,存在实质竞争关系;被告提供了充分的证据证明华某以原告孙某名义查阅会计账簿具有不正当目的,可能损害公司合法利益,符合《公司法司法解释(四)》第八条第一款、第二款规定的情形,即股东自营或者为他人经营与公司主营业务有实质性竞争关系业务的,股东为了向他人通报有关信息查阅公司会计账簿,可能损害公司合法利益。故,被告有权拒绝原告查询公司会计账簿。笔者同意第二种观点。

二、关于原告股东是否有权查阅会计凭证的问题

一种观点认为,原告股东无权查阅会计凭证。主要理由是:① 根据《公司法》及《公司法司法解释(四)》的规定,股东可以要求查阅、复制的资料包括公司章程、股东会议记录、董事会会议决议、监事会会议决议和财务会计报告,可以要求查阅公司会计账簿,并不包括会计凭证。所以,股东知情权的行使应严格按照我国《公司法》规定的范围行使,不得突破法律规定的限制,即"会计凭证"因超越法律规定范围而不应被提供查阅。② 被告章程修正案中也明确"股东无权查阅和复制公司会计凭证和相关交易合同"。公司章程作为股东间的契约,当然可以对股东知情权的范围加以规定和补充,原告抗辩称含有股东知情权内容的"股东会决议"及"章程修正案"无效,但并没有提供相应证据支持其主张,原告若认为被告的股东会决议存在无效或者可被撤销的情形,可依法另行主张,与本案股东知情权纠纷没有关联。③ 最高人民法院(2019)最高法民申 6815 号判例也明确原始凭证不属于股东知情权的查阅范围。

另一种观点认为,原告股东有权查阅公司的会计凭证。主要理由是:① 虽然最高人民法院于(2019)最高法民申 6815 号案件中维持了北京市高级人民法院的判决,拒绝了股东查阅原始凭证的请求,但该案存在特殊性,即该案中要求查阅原始凭证的股东系注册于香

港特别行政区的非中国大陆地区企业,而目标公司则是从事融资租赁的境内企业。二审、再审法院基于维护国家金融秩序,防止金融信息外泄之理由,拒绝了股东公司查阅原始凭证的诉讼请求。② 在最高人民法院对于(2019)最高法民申 6815 号案件的裁定作出后,亦有其他案件引用了该份判决书,要求二审法院在二审中依照该判决驳回原告对于查阅原始凭证的诉讼请求,但均被二审法院驳回。特别是广东省深圳市中级人民法院作出的(2020)粤 03 民终 17442 号案件中,二审法院认为:关于股东是否有权查阅原始凭证的问题,学界和司法实践中对此存在不同的认识,也缺乏统一的裁判标准,需要根据个案情况加以审查。法律赋予股东查阅会计账簿的权利旨在使股东了解、监督公司的经营行为,会计原始凭证是辨别会计账簿的记载是否真实、合法的依据。本案中,基于利益平衡以及确保信息真实的考虑,一审法院认定原始凭证对于林某通过查阅会计账簿以实现股东知情权具有必要性,进而对林某的相关请求予以支持并无不当,本院予以维持。在上海市第一中级人民法院作出的(2019)沪 01 民终 11878 号案件中,二审法院亦认为:公司会计账簿属于我国《公司法》列举规定的对象之一,会计凭证既是会计账簿形成的基础,又是验证会计账簿对公司财务状况的记录是否完整准确的依据。依据我国《会计法》的相关规定,公司的具体经营活动只有通过查阅原始凭证才能知晓,根据会计准则,相关契约等有关资料也是编制记账凭证的依据,应当作为原始凭证的附件入账备查。同时我国《公司法》并未明示将原始会计凭证完全排除于股东限制查阅的范围之外,故在本案中,会计账簿及会计凭证将其一并作为原告可以查阅的对象,能够最大限度地保护投资人的合法权益。

综上,笔者同意第二种观点。在本案中,孙某作为小股东,在大股东拒不向其提供财务报告、财务账簿的情况下,若不查阅原始凭证,即无法判断会计账簿的记载是否正确、真实,且该请求不会加重被告的负担,应予以支持。同时,在最新的《公司法》(修订草案三次审议稿)第五十六条明确规定:"股东可以要求查阅公司会计账簿、会计凭证。"恰恰也是对第二种观点的明确回应。

三、关于原告股东是否有权查阅被告的关联交易账目、合同凭证、税务报表等其他文件、资料的问题

对于原告股东诉请查阅法律规定和章程约定之外的公司其他资料的请求,已超出法律规定的股东行使知情权的范围,其请求于法无据。《公司法》规定了股东知情权的同时,亦规定了股东了解公司经营状况和财务状况的途径,即原告股东完全可以通过查阅公司章程、股东会会议记录、董事会会议决议、监事会会议决议和财务会计报告,来实现其对于公司现状的了解,并非公司所有的文件、资料,若股东对公司经营的所有信息事无巨细均要求查阅,将不利于被告的正常经营和运转,也不利于被告商业秘密的保护。

【类案裁判】

一、有关股东是否有权查阅会计凭证问题的认定

最高人民法院(2019)最高法民申 6815 号民事裁定书

裁判要旨:股东知情权和公司利益的保护需要平衡,故不应当随意超越法律的规定扩张解释股东知情权的范畴。《公司法》仅将股东可查阅财会资料的范围限定为财务会计报告与会计账簿,没有涉及原始凭证,二审判决未支持原告查阅被告公司原始凭证的请求,并无不当。《中华人民共和国会计法》第九条未赋予股东查阅公司原始凭证的权利,北京市高级人民法院的指导意见不具有司法解释的效力,某巴公司依据以上规定请求再审本案之主张,不能成立。

二、有关股东是否有权查阅会计账簿问题的认定

1. 北京市第一中级人民法院(2014)一中民(商)终字第 7301 号民事判决书

裁判要旨：一审法院认为，对于其某主张查阅新能源公司的会计账簿（含总账、明细账、日记账及其他辅助性账簿）、会计凭证（含记账凭证、相关原始凭证及作为原始凭证入账备查的有关资料）的诉讼请求，该院认为股东知情权的行使并非完全不受限制，保障公司权益不受损害和股东知情权不受侵犯两者应当是互为前提的关系。公司是股东获取经济利益的集合体，保护公司的经营活动以及与此有关的商业信息和商业秘密相对于保护股东的知情权更为重要，公司的正常经营才能保证股东利益的实现。在《公司法》第三十三条第二款中亦对股东查阅公司会计账簿进行了限制，即在公司有合理理由相信股东查阅公司会计账簿会对公司利益造成损害时，公司可以拒绝其进行查阅。在该条规定中，并未要求公司证明该查阅已实际产生了损害的后果，公司只需证明股东一旦行使上述权利可能会产生损害公司利益的情形即可拒绝查阅。具体到本案中，会计账簿及会计凭证，特别是记账凭证、相关原始凭证等能反映公司的销售价格、销售范围及原材料采购情况等，与公司的商业秘密相关。而其某的妻子、儿子出资设立或参与经营了与某固利新能源公司的经营项目非常近似的三家公司。其某的妻子、儿子作为其某的家庭成员，无疑与其某具有共同的财产利益。进而，名下三家公司的经营利益，基于其股东或经营者与其某的亲属关系，与其某之间形成了利益链条。同时，三家公司与某固利新能源公司之间基于经营项目的近似性，形成了在同一市场之中的竞争关系。三家公司一旦获悉某固利新能源公司的市场信息、客户信息、价格信息、原材料采购信息等具有商业秘密性质的信息，将在竞争中处于有利地位并相应损害某固利新能源公司的利益。故某固利新能源公司拒绝其查询会计账簿、会计凭证

等具有合理依据,该院对其该项抗辩意见予以采纳。

二审法院认为,股东知情权是法律赋予股东通过查阅公司的财务会计报告、会计账簿等有关公司经营、管理、决策的相关资料,实现了解公司的经营状况和监督公司高管人员活动的权利。股东知情权是法律规定的股东享有的一项重要的、独立的权利。但是为了对公司商业秘密进行保护和避免恶意干扰公司经营的行为,对于公司知情权的行使同样应当给予适当的限制。会计账簿记载公司经营管理活动,为了平衡股东与公司之间的利益,避免股东知情权的滥用,股东在查阅公司会计账簿时,应当以正当目的为限制,亦应当遵循诚实信用原则,合理地行使查阅权。在公司有合理理由相信股东查阅公司会计账簿会对公司利益造成损害时,公司可以拒绝其进行查阅。需要说明的是,在我国《公司法》第三十三条第二款中,并未要求公司证明股东的查阅已实际产生了损害的后果,公司只需证明股东一旦行使上述权利可能会产生损害公司利益的情形即可拒绝查阅。本案中,某固利新能源公司举证证明其某的妻子、儿子等利害关系人参与经营的多家公司与新能源公司之间存在竞争关系或者关联关系,新能源公司的会计账簿、会计凭证所记载的客户信息、技术信息、产品价格、成本、生产数量等如被竞争者或者关联者知悉,则可能损害新能源公司的合法权益。因此,新能源公司在本案中确有合理理由认为股东其某行使知情权可能损害公司合法利益,新能源公司拒绝其某查阅公司会计账簿、会计凭证存在合理根据。综上,其某的上诉理由不能成立,本院不予支持。

2. 河南省高级人民法院(2015)豫法民提字第345号再审民事判决书

裁判要旨:本院再审认为,张某提出的本案诉讼请求实质上包含两部分,一是要求查阅涉案年度内的会计报告,二是要求查阅涉案年度内的会计账簿,包括总账、明细账、日记账和其他辅助性账簿。

根据《公司法》第三十四条的规定,对公司股东查阅、复制公司会计报告和会计账簿作了不同的规定。该条第一款明确规定,股东有权查阅、复制公司会计报告,没有规定其他限制条件,所以,原审判决濮阳某技术合作有限公司应当提供涉案年度内的会计报告给张某查阅适当,本院再审予以确认。濮阳某技术合作有限公司申请再审认为不提供该项查阅的理由不能成立。但是《公司法》第三十四条第二款对股东要求查阅公司会计账簿的,仅是规定"可以要求查阅",是否同意查阅,还要区分股东要求查阅的行为是否有正当目的,是否损害公司合法利益。如果公司有合理根据认为股东查阅会计账簿有不正当目的,可能损害公司合法利益的,公司可以拒绝股东提出的查阅要求。本案中濮阳某技术合作有限公司主张张某存在同业经营行为,以会计账簿显示公司客户信息等商业秘密,如果允许张某查阅,可能损害公司合法利益为由,拒绝张某查阅会计账簿,并且已经对张某的相关行为提起了诉讼,人民法院的生效判决也认定张某损害了濮阳国际公司的利益,根据《公司法》第三十四条第二款的规定,濮阳某技术合作有限公司拒绝张某查阅会计账簿的行为应视为存在合理根据,拒绝张某查阅会计账簿的理由成立。所以,在濮阳某技术合作有限公司提供证据证明张某查阅会计账簿可能危害公司合法利益的情况下,原审判决支持张某查阅濮阳某技术合作有限公司会计账簿的处理不妥,应予纠正。

【法条索引】

《公司法》第三十三条、第七十七条;《公司法司法解释(四)》第八条。

案例 16

梁某诉 A 化工有限公司股东资格认定纠纷案[①]

——隐名股东资格认定及其法律后果

【案情简介】

2004 年被告 A 化工有限公司进行改制，公司职工自愿认购股权，第三人靳某系该公司职工。第三人靳某因担心未购股被裁员又无钱购股，其与不具有公司职工身份的原告梁某签订《购股协议书》并收取梁某 23 600 元购买公司 20 000 股。双方签订的《购股协议书》约定：① 靳某同意梁某无偿使用靳某名称认购靳某单位股份贰万股。② 梁某认购的股份，由梁某出资交靳某代为梁某认购，具体按靳某单位规定程序办理。③ 梁某在使用靳某名称购买股份期间的所有红利、义务均由梁某承担责任。梁某因股权收益领取红利、送、扩股等权益需要靳某名称或身份证时，靳某应向梁某提供或代为办理后转交梁某。④ 待靳某单位同意过户时，双方把梁某出资以靳某名称购买的股份由靳某过户、变更为梁某名字，同时解除梁某对靳某名字的使用，然后由梁某以自己名义行使权利义务。⑤ 双方签字生效。一式两份，双方各执一份。

[①] 案例来源：河南省焦作市山阳区人民法院(2013)山民二初字第 00434 号民事判决书；山阳区人民法院(2015)山民二初字第 00491 号民事判决书。

2004年靳某与陈某签订信托协议,将靳某名下20 000股委托陈某进行管理。双方签订的《信托协议》约定:为更好管理A化工有限公司股份,委托人将合法取得的某化工股份委托受托人进行管理,信托财产范围为委托人合法取得的某化工股份20 000股,信托股份应当于2004年8月以前在河南省工商行政管理局登记到受托人名下。委托人为受益人,信托股份的利益均归委托人所有。并约定了利益的种类和取得方式、委托人的权利义务和受托人的权利义务等,其中委托人的义务包括将协议约定的信托股份交与受托人进行管理、授予受托人信托股份表决权。受托人的权利包括依据信托法和本信托协议的约定管理信托股份的权利、行使信托股份的表决权。受托人的义务包括不得利用信托股份为自己谋取利益、在股东大会召开前要采取多种方式征询委托人的意见等。信托股份的转让必须有委托人的书面授权。股权受让方应当与委托人签订新的信托协议。有效期限为协议签字之日起五年内。受托人未经委托人书面授权转让信托股份,造成委托人损失的,受托人应当承担赔偿责任。协议未约定的事项,依照信托法的规定执行。

根据被告股东名册记载,受托人陈某名下确认认股数2 165 000股,其中包括靳某20 000股。2005年8月,被告向靳某发放公司股权证,该证载明:信托股权证编号××××,信托股东姓名靳某,受托人姓名陈某,2004年7月购20 000股,金额23 534元。靳某收到公司发放的股权证后,将该证交与原告梁某。

2010年2月22日,被告召开2010年第一次股东会,与会股东23人,其中法人股东2人,自然股东21人,经审议形成决议:①同意中国某化工(集团)总公司收购公司自然人股东全部股权,收购价格按照国务院国资委备案的评估报告认定的净资产51 617.25元确定每股转让价格为4.527 8元。②同意转让价款分期支付,首期每股支付1.30元,余款在工商变更完成后15日内全部支付结束。③全体股东放弃优先认购权。未参会或不同意放弃优先认购权的股东自股东会召开之日起3日内未明确表达受让意向,视为放弃优先认购权;行使优先认购权的股东应在做出认购意向后3日内全额支付认购价款,逾期视为放弃优先认购权。④ 按照公司法和工商登记有关规定和中国某化工(集团)总公司要求签署股权转让协议,办理工商登记手续。⑤ 全体办理并完成自然人股东授权公司按照股权转让协议约定,全权办理并完成自然人股东转让价款的兑付工作。⑥ 全体自然人股东授权股东赵胜利签署股权收购相关协议。2010年4月8日,被告召开2010年第二次股东会,大会一致形成决议如下:① 同意赵某、陈某等21名自然人股东出让其在公司的出资7 932万元,占注册资本69.578 9%的股权至中国某化工(集团)总公司。② 其他股东放弃优先认购权。

2010年4月21日,依据股东会决议授权,赵某作为转让方与受让方中国某化工(集团)总公司签订股权转让协议,协议载明:鉴于赵某、陈某等21人持有被告69.578 9%的股权并同意将其持有的股权转让给中国某化工(集团)总公司,中国某化工(集团)总公司同意受让赵某、陈某等21人所持有的被告的全部69.578 9%的股权。转让方21人中陈琳名下出资额216.5万元,占股权比例1.9%。双方确认待本协议约定的交易完成后,转让方不再持有目标公司的股权。转让方向受让方转让其在目标公司所持有的全部股权,总转让价为人民币35 914.714 8万元,双方确认,该总转让价系受让方对转让方转让其目标公司的全部股权所支付的公平合理对价。协议并约定了股权转让的相关事宜、转让方与受让方的承诺与保证、股权转让的程序以及违约责任等事项。

关于赵某、陈某等人向中国某化工(集团)总公司转让股权一事,通知到了第三人靳某,靳某作为被告职工知晓此事,并与原告手机联系欲说明情况,但因原告梁某在北京,暂无法联系上,直至2013年春节时才联系到原告并将此事告知原告,原告得知后表示不同意转让股权,并于2013年夏与靳某一同到被告交涉未果,后起诉要求确认其股东身份并要求确认被告未经原告或第三人许可擅自转让股权的行为违法。

【裁判结果】

判决驳回原告梁某的诉讼请求。

【裁判要旨】

被告属于有限责任公司性质。根据公司法相关规定,有限责任公司由五十个以下股东出资设立。有限责任公司成立后,应当向股东签发载明公司名称、成立日期、注册资本、股东姓名、缴纳的出资额和出资日期等内容,有编号和核发日期并由公司盖章的出资证明书。有限责任公司应当置备股东名册,可以依股东名册主张行使股东权利。有限责任公司的股东向股东以外的人转让股权,应当经其他股东过半数同意。本案中,被告A化工有限公司于2004年进行改制时,公司职工自愿认购股权,第三人靳某因担心未购股被裁员又无钱购股,其与不具有公司职工身份的原告梁某签订购股协议书并收取梁某23 600元,以其中23 534元购买公司20 000股的行为,系梁某与第三人靳某的个人行为。靳某与陈某签订信托协议,将靳某名下20 000股委托陈某进行管理。受托人陈某名下确认认股数2 165 000股中包括靳某20 000股的事实,既见于被告股东名册,亦见于被告向靳某发放的股权证记载。赵某、陈某等21人作为公司股东,其转让股权的行为亦不违反相关规定。原告既无出资证明书,亦非记载于股东名册的股东,其起诉要求确认其股东身份并要求确认被告未经原告或第三人许可擅自转让股权的行为违法,没有事实和法律依据,理由不足,不予支持。

【裁判评析】

本案系典型的股东资格确认纠纷①,股东资格的确认既是公司自治的基础,也是股东行权的前提,公司类其他案件的审理也离不开对股东资格的认定。对于股东资格的确认,通常需满足《公司法》规定的实质要件和形式要件要求。所谓实质要件,是指民事主体具有出资的意思表示,并外化为认缴或实缴出资;而形式要件是对股东资格的记载和公示,主要包括公司签发的出资证明书、股东名册、公司章程、工商登记为股东等。不同的形式要件对实现股东资格的确认有所差别,司法实践中,同时满足前述几种形式要件特征的有限责任公司股东并不常见,更多的是只满足其中部分形式特征,此时应当以实质要件为基础,并结合形式要件的证明效力来综合判断民事主体是否具有股东资格。

近些年,司法实践中股权代持比较普遍,通常会有实际出资人与第三人订立股权代持协议,由其担任隐名股东、第三人担任显名股东。在时机成熟时,隐名出资人往往选择揭开隐名的面纱,从幕后走到台前,要求公司确认自己的股东资格,并记载于工商登记,这就导致隐名出资人与显名股东、公司之间关于股东资格确认的纠纷经常发生。

隐名出资人,是指通过名义出资人进行实际出资,通过名义出资人享有相应投资权益但是却并不被记载于公司文件以及工商登记的投资者,也就是实际出资人。而名义出资人并未实际出资,也并不实

---

① 本文探讨的隐名出资人股东资格确认问题仅限于有限责任公司,不包括股份有限公司。

际享有投资权益,但其名字却以股东身份记载于公司文件与工商登记,并行使股东权利之人。所以隐名出资人与名义出资人是一组相互对应的概念,名义出资人通俗的叫法就是显名股东(或名义股东),隐名出资人(实际出资人)通俗的叫法就是隐名股东,但其未经法定程序或手续予以确认之前实质上却并不具有股东身份。

对于隐名出资人的股东资格确认问题,《公司法》等法律并无特别规定,但相应的司法解释对此作出了一定的规制,例如《最高人民法院关于适用〈中华人民共和国公司法〉若干问题的规定(三)》(以下简称《公司法司法解释(三)》)在其第二十四条对实际出资人的股东资格确认问题做了原则规定。由于我国《公司法》对隐名股东的认定等缺乏明确界定,造成如何解决隐名股东相关问题便成了司法实践中处理公司案例的一个难点问题。

在司法实践中,是否应该确认隐名股东的股东资格身份,时常有两种不同的意见:一种观点认为,应在司法实践中确认隐名股东的股东地位。主要理由是:我国《公司法》并未明确禁止隐名股东,隐名股东制度的确立是合同自由和意思自治的体现,完全符合契约自由、私法自治的意旨。因为商法行为在本质上是以表意为特征的民事行为,隐名股东也是契约的一方,在契约中承诺将自己的某一财产或资产交由其他一个或者多个股东支配,由这些股东进行实际支配经营,交付者获得一定收益。这种特殊契约与一般的合同并无本质的区别,只要双方达成合意,且不存在恶意情形,就不应该否定这种契约的法律效力。另外,公权力不应过多干预私权。商法就其性质而言属于私法,而公司登记行为则系行政法律行为,体现国家意志,具有明显的国家强制性规定,属公法范畴,公法以私法为根基,公法与私法间的架构应以私法为主,不能因为隐名股东形式特征的不规范就轻易否定隐名股东的股东资格。另一种观点认为,隐名股东并非法律意义上的股东,不应确认其股东资格。主要理由是:隐名股东不具备股东的法定形式特征,法律规定的股东的形式特征应是工商部门登记、公司章程、股东名册的记载,而实质特征是签署公司章程、实际出资、取得出资证明与实际享有股东权利。形式特征中以工商登记公示性最强,其效力应优先于其他形式特征。另外,隐名股东的存在有悖于交易秩序与安全。保护交易安全已成为现代民商法的整体发展趋势,隐名股东制度违背了民法中基本的物权公示公信原则,背离了现代民法的基本价值取向,不但不应被赋予法律上的股东资格,而应属于隐瞒、改变法定登记事项的违法行为,应给予相应的行政处罚。

  以上两种观点都具有可取之处,由于我国现行公司法律制度的不健全,《公司法》对股东资格取得的方式和具体标准都没有明确的规定,导致司法实践处理此类纠纷意见不一致、不统一。笔者认为,对隐名股东资格的认定不能一概而论,既不能简单地否定,也不能完全肯定,应针对不同的案情区别对待。在司法实践中,常见的与隐名股东有关的纠纷大致可分为两类:一类是涉及公司内部关系的纠纷,主要有公司利润分配纠纷、隐名股东行使股东权利纠纷、对内承担责任纠纷、出资纠纷等;另一类是涉及公司外部关系的纠纷,主要有对外被视为公司的股东主体问题、隐名股东或显名股东向外转让股权纠纷等等。对这两类不同的涉及隐名股东问题的纠纷进行处理时,我们仍应坚持"双重标准,内外有别"的处理问题的这一基本原则,从公司内部关系和外部关系两个角度入手。具体而言,在处理公司内部关系引发的纠纷时,主要应遵循契约自由、意思自治的原则。隐名股东与显名股东就权利义务分配达成的契约与一般的民事契约没有本质区别,只要双方意思一致且不违反法律法规的强制性规定,就应对双方具有约束力。在公司内部,这种契约改变的仅仅是公司股东间的权利义务分配而已,并不涉及公司以外的第三人的利益,所以,只要这种契约属于双方真实意思表示且属善意,就应该确认该契约的法律效力,从而确认隐名股东的股东资格;在处理公司外部法律关系时,则应遵循公示主义原则和外观主义原则,维护交易秩序和安全,保护善意第三人利益。公示主义原则和外观主义原则是在追求效率的同时,确保商事主体的信用和正常的商事秩序。在涉及第三人时,则要首先迅速、准确、权威地判定隐名投资人和显名投资人谁是法律所确认的股东,因为登记的形式主要是对外,是为第三人更容易判断和辨识,在与公司以外的第三人的争议中对于股东资格的认定比实际特征更有意义,也更容易辨识。股东在法律上表现的实质特征的功能主要是对内,用于确定股东之间的权利义务,在解决股东之间的争议时实质特征意义优于形式特征,而签署公司章程反映行为人作为股东的真实意思表示,其效力又应优于其他实质特征,所以在与公司交易时认定股东资格的凭证应当是工商登记,显名投资人应被确认为公司股东。既然显名投资人具有股东资格并拥有股权,那么就有与第三人交易的自由,至于其是否实质上拥有股权,则要看其与隐名投资人的协议约定,这便属于公司的内部问题了。在处理这类纠纷时,对隐名股东的资格认定应以形式为准,凡是已经工商登记的事项,除有确凿的证据证明属于虚假陈述外,均推定为真实事项并具有法律上的公信力,隐名股东对确信登记真实而进行交易的第三人不得以具备股东实质特征对抗,以此维护交易安全与效率。

具体而言,在隐名状态下,隐名出资人与显名股东双方之间是委托持股合同关系,但该合同关系只能约束隐名出资人与显名股东,其效力并不及于公司或其他第三人。显名股东与公司之间则是股东关系,而隐名出资人与公司之间并无股东关系,其不能直接向公司主张股东权利,亦不能向公司其他股东主张权利。同样,如果隐名出资人不要求显名而继续保持隐名状态,则其权利也无法直接对抗与显名股东发生交易的第三人对显名股东代持股权所采取的质押、查封、强制执行等措施。隐名出资人显名化的过程就是将隐名出资人与显名股东的委托关系予以披露,以其自己的实际出资人身份直接置换显名股东的股东身份关系,隐名出资人直接以股东关系对抗公司、公司其他股东以及第三人等,其间必然引起各方权利义务的变化,因此其股东资格能否得到确认以及是否能记载于工商登记,亦要取决于公司、公司其他股东以及第三人的意思表示或权利性质等。

就本案而言,笔者认为,原告梁某非名义股东,其与第三人靳某私下签订的购股协议书对被告不具有约束力,依法不具有股东资格。2004年被告进行改制时,公司职工根据自愿原则认购公司股权,由于认购人数众多,受公司法关于有限责任公司股东人数不得超过50人的限制,公司选择21名职工作为股东,其他职工分别以信托方式委托21名股东代持股权。靳某系被告职工,其出资委托在陈某名下,由陈某以信托方式代持靳某的股权,双方按被告要求签订了股权信托协议,并由被告向靳某颁发股权证。陈某系21名股东之一,其名下共代表了包括靳某150余名职工股东。靳某为实际出资人,陈某系名义股东。原告梁某不是被告职工,没有资格出资。原告梁某借职工靳某名义出资,并与靳某签订购股协议书,这些情况公司不知道,且该协议对被告没有约束力。被告只能认定靳某为实际出资人,不能认定原告梁某的实际出资人资格。2011年经被告股东会议批准并经21名自然人股东同意,21名自然人股东将其所持股权以每股4.528元(高出原始出资价格每股1.17元的近四倍)的价格,转让给中国某化工(集团)总公司。在转让过程中,21名自然人股东名下所代表的职工股东(实际出资人)包括靳某在内,均没有提出异议。上述股权转让后已经依法办理了股权变更登记。原告非被告名义股东,没有任何资格对上述股权转让的合法性提出异议。要提也只能是靳某提,但这波及不到公司层面。

综上,本案原告梁某不具有股东资格。本案判决否认了原告梁某的隐名股东资格,也正是基于上述理论,坚持了"双重标准,内外有别"的处理原则,值得肯定。

【类案裁判】

1. 北京市第二中级人民法院(2022)京02民终344号民事判决书

裁判要旨:判断实际出资人是否具有股东资格,应综合审查其是否有成为公司股东的真实意思表示、是否出资、是否行使股东权利。根据鲁某提供的支付凭证、录音内容及公证书保全的相关电子数据等可以相互印证的证据,可以认定鲁某向王某支付了股权出资款2万元,其与王某之间存在股权代持关系,约定其享有该公司10%的股权。且鲁某此后亦以股东身份参加公司股东会、董事会,参与公司经营决策,即使鲁某没有在公司章程上签字,且并没有出资证明等形式要件,也应当确认其隐名股东身份。

2. 北京市第一中级人民法院(2022)京01民终85号民事判决书

裁判要旨:公司治理结构为所有权、经营权相分离,股东是否对公司进行经营管理并非判断股东身份的标准,股东是否享有并行使基本权利,包括利益分配权、表决权、选举权和被选举权、知情权、召集和主持股东会会议权、公司经营查阅监督权、股权转让权、依法请求公司合理收购其股份、公司清算时剩余财产分配权利等,是判断股东身份的主要依据。本案中,某达公司并没有提供证据证明其曾经行使过前述公司法所规定的股东权利,不足以确认其股东身份。

3. 贵州省六盘水市中级人民法院(2022)黔02民终224号民事判决书

裁判要旨:贵州某商贸有限责任公司系依法成立的自然人独资有限责任公司,工商登记材料记载邓某是该公司成立时法定代表人、股东,该记载对外具有公示效力。公司章程等有关工商登记材料,是认定股东资格的重要依据,第三人基于此股东身份产生真实、合法的信赖。工商登记档案材料上非本人签字不能得出被登记的股东不是股东的结论,需要结合当事人有无作为公司股东的事实或同意他人利用自己的身份设立、经营公司的事实进行判断。被上诉人刘某表示不知晓公司注册成立时工商登记档案材料中"邓某"的签名是谁所签,邓某并未提供充分证据证明"代签者"或"借用身份者"未经其同意"冒用或盗用"其身份。上诉人邓某作为完全民事行为能力人,将其身份证借给他人,其应对这一行为产生的后果承担相应责任。现邓某以其不知情为由,主张其并非贵州某商贸有限责任公司成立时的股东和法定代表人,缺乏事实及法律依据。

【法条索引】

《公司法》第二十五条、第三十一条、第三十二条第二款、第三款;《公司法司法解释(三)》第二十一至二十五条。

案例 17

张某、李某、和某、乔某诉孟州市某塑业有限公司、徐某股权转让纠纷案①

——受让股东能否以股权未实缴为由解除股权转让协议

【案情简介】

孟州市某塑业有限公司于 2018 年 9 月 7 日登记成立，注册资本为 100 万元，2019 年 8 月 1 日，登记股东由苏某、刘某变更为张某、徐某、李某，占股比例分别为 33.34%、33.33%、33.33%，法定代表人为张某。2019 年 9 月 29 日，孟州市某塑业有限公司增资扩股，张某、徐某、李某、和某、米某、乔某六人签订了《投资合作经营协议书》一份，协议书第 4 条明确约定：张某出资 30 万元，占孟州市某塑业有限公司股份 16.6%；徐某出资 30 万元，占孟州市某塑业有限公司股份 16.6%；李某出资 30 万元，后又出资 40 万元购买孟州市某塑业有限公司原始股 30 万元，占孟州市某塑业有限公司股份 33.6%；和某出资 45 万元购买孟州市某塑业有限公司原始股 30 万元，占孟州市某塑业有限公司股份 16.6%；米某出资 22.5 万元购买孟州市某塑业有限公司原始股 15 万元，占孟州市某塑业有限公司股份 8.3%；乔某出

---

① 案例来源：孟州市人民法院 (2021) 豫 0883 民初 2413 号民事判决书；焦作市中级人民法院 (2022) 豫 08 民终 2553 号民事判决书。

资15万元,占孟州市某塑业有限公司股份8.3%,公司原始股本金经计算180万元……。由于企业经营管理不善,股东之间发生矛盾,2020年11月1日,六位股东达成《退股协议》约定:经塑业公司全体股东同意,为了保障全体股东权益,作出以下决定:孟州市某塑业公司由徐某全盘接管,经各股东同意,以三个月为期限退还各股东入股时候的原始股本金,按第一个月30%、第二个月30%、第三个月40%方式进行,每月30日到场领取。公司财务由米某接管,包括之前所有账目全部接收。所有货款必须用于公司经营使用,由接管人负责。如果各股东同意,各股东签字按印。同日,徐某向孟州市某塑业有限公司法定代表人张某出具协议一份,协议载明"为了保障公司的正常运营,公司手续和公章暂由徐某保管使用,在公司没有变更之前,公司手续所引起的经济纠纷和违法行为全部由徐某承担,与法人张某没有一点关系"。当徐某接管公司后发现公司财务账目混乱,出资不实且存在抽逃出资嫌疑;加之公司没有移交环评批复、排污许可证等手续,在徐某接管公司后的第三个月就被环保部门勒令停业整顿并处罚。此后,公司一直处于停产状态,徐某当然也就未按退股协议约定退还其余各股东的股本金。原告张某、李某、和某、乔某四股东认为孟州市某塑业有限公司由徐某一人全盘接管,原告已全部退股,应当由被告退还原告投资款,被告孟州市某塑业有限公司现为一人公司,公司财产和股东徐某个人财产混同,徐某应该承担连带责任。故将孟州市某塑业有限公司、徐某诉至法院,请求被告孟州市某塑业有限公司退还四原告股东投资款共计160万元,被告徐某承担连带责任。

被告孟州市某塑业有限公司辩称:2020年11月1日各股东签订的退股协议,被告孟州市某塑业有限公司并未加盖公司印章,因此该协议对被告并不发生法律效力,且股权转让的主体是股东,跟公司无关,公司没有义务退还原告股东的投资款。

被告徐某辩称：被告并非原告诉称的一人公司，依据现有工商登记资料显示，公司登记股东为3人，并非1人股东；原告也未提供证据证明公司财产和我个人财产混同情形，故原告主张我承担连带责任无事实和法律依据。

同时，被告徐某认为，原告未按约定的出资份额全面履行各自对公司的出资义务且存在抽逃出资的嫌疑，故依法提出反诉，请求法院依法撤销2020年11月1日签订的退股协议。

第三人米某辩称：原告并未按照2020年11月1日签订的协议给我进行财务交接，公司现有的财务资料不完整也不真实。由于公司现有财务资料不全，无法核实出各股东入股时实缴的原始股本金，原告要求退还投资款160万元，我认为没有依据，不客观。

【裁判结果】

一审判决：① 2020年11月1日原、被告及第三人签订协议有效。② 限被告徐某于本判决生效之日起10日内退还原告张某股本金30万元及违约金，退还原告李某股本金60万元及违约金，退还原告和某股本金30万元及违约金，退还原告乔某股本金15万元及违约金。③ 驳回原告张某、李某、和某、乔某的其他诉讼请求。④ 驳回反诉原告徐某的诉讼请求。

被告徐某不服提起上诉，二审维持原判。

【裁判要旨】

股权转让系合同行为，无证据证明该合同行为存在无效或可撤销情形的，为合法有效合同，当事人应当按照约定全面履行自己的合同义务。股东履行出资义务，是对其他股东或公司应承担的义务，与股权转让并非直接关联。被告以原告未履行出资义务而否定自己股权受让行为于法无据。至于股东是否足额出资问题,不属于本案审理范围,可另行解决。现被告要求撤销股权转让协议,未尽举证义务,不予支持。

【裁判评析】

本案系典型的股权转让纠纷,本案的主要争议焦点为:受让股东能不能以股权未实缴为由解除股权转让协议。

在股权转让纠纷案件中,股权受让方经常以转让方未实际缴纳出资为理由拒绝支付股权转让款,或者以转让方隐瞒未实缴出资的事实为由,主张股权转让行为无效。但在司法实践中,股权受让方的上述抗辩或主张往往得不到法院的支持。主要理由如下。第一,股权在股东内部以股东名册登记为准,对外以在市场监管部门登记为准,只要被转让的股权完成上述登记即可被转让,不以是否实缴相应出资为前提。股权转让时,只要签署了股权转让协议,并且没有违反危害社会及他人权益等强制性规定,原则上是不能解除的。第二,有限责任公司股东是否履行出资义务系公司与股东之间的内部法律关系,该法律关系与股东转让股权不属于同一法律关系,因此,股东未实缴出资(无论出资期限是否已届满)并不影响股权转让行为的效力,只要股权转让行为具备《民法典》第一百四十三条的法定条件,则股权转让协议有效,对各方具有法律拘束力。不过,鉴于股东是否已履行出资义务是股权交易过程中的重要的考量因素,若股东刻意隐瞒瑕疵出资的事实,则受让人可以受欺诈为由请求撤销股权转让协议。第三,《公司法司法解释(三)》第十八条规定:"有限责任公司的股东未履行或者未全面履行出资义务即转让股权,受让人对此知道或者应当知道,公司请求该股东履行出资义务、受让人对此承担连带责任的,人民法院应予支持;公司债权人依照本规定第十三条第二款向该股东提起诉讼,同时请求前述受让人对此承担连带责任的,人民法院应予支持。受让人根据前款规定承担责任后,向该未履行或者未全面履行出资义务的股东追偿的,人民法院应予支持。但是,当事人另有约定的除外。"从上述规定可以看出,若股东出资不实即转让股权,对出让人而言,应承担补足认缴资金、对公司不能清偿的债务在未出资范围内补充赔偿的法律责任,对受让人而言,若其受让股权时,知道或应当知道出让人出资不实的,则应与出让方承担出资瑕疵的连带责任,承担责任后,享有对前述出让方的追偿权。由此可知,即使出让人出资不到位,也不会引起股权转让合同无效的法律后果。

就本案而言,笔者对本案裁判结果持不同意见。笔者认为,2020年11月1日各股东《退股协议》签订时,原告股东均声称原始股本金已实际出资到位,原告在诉状中也声称"各方为满足生产的需要均实际投资到位",但当被告徐某接管公司后发现公司财务账目混乱,所有资金往来均以现金形式入账,原始凭证多数为白条。被告徐某也因此申请法院委托鉴定机构对孟州市某塑业有限公司股东张某、李某、和某、乔某出资真实性进行审计鉴定,2022年1月20日鉴定机构出具正式鉴定报告,经鉴定四原告确实存在虚假出资情形,被告徐某这才知道自己是被欺骗才签订的案涉协议。

根据《公司法司法解释(三)》第二十条规定"当事人之间对是否已履行出资义务发生争议,原告提供对股东履行出资义务产生合理怀疑证据的,被告股东应当就其已履行出资义务承担举证责任"。结合全案证据分析,被告徐某已经提供对原告股东履行出资义务产生合理怀疑的证据即司法会计鉴定报告,被告徐某的举证责任已经完成;而原告股东至今未提供充分证据证明各自按照《投资合作经营协议书》约定将原始股本金实际出资到位,应承担举证不能的法律后果。故,对原告诉请被告徐某返还160万元投资款金额无事实和法律依据,应依法驳回原告诉请。在原告股东未出资到位的情况下,反而要求被告徐某退还其投资款,明显不公平,被告徐某也依法提出了撤销权之诉。原告股东在未出资到位的情况下,欺骗被告徐某签订了案涉退股协议,原告欺诈事实明显,根据《民法典》第一百四十八条之规定,案涉协议应依法予以撤销。案涉协议撤销后,原被告双方就可以重新对公司资产进行一个真实的盘点清算,进而共享公司收益,共担公司经营亏损,这才能最大限度地公平保护每个投资人的合法利益。

【类案裁判】

1. 最高人民法院(2019)最高法民终230号民事判决书

裁判要旨:股东出资不实或者抽逃资金等瑕疵出资情形不影响股权的设立和享有。目标公司股权已经实际变更,股权受让人虽以终止合同提出抗辩,但并不符合法定合同解除条件;股权转让关系与瑕疵出资股东补缴出资义务分属不同法律关系。本案中,甘肃某公司以股权转让之外的法律关系为由而拒付股权转让价款没有法律依据。对于甘肃某公司因受让瑕疵出资股权而可能承担的相应责任,其可另寻法律途径解决。

2. 陕西省高级人民法院(2019)陕民终71号民事判决书

裁判要旨:有限责任公司股东是否履行出资义务是有限责任公司股东和公司之间的法律关系,公司可以要求股东补缴出资,该法律关系与股东转让股权不属同一法律关系,因此,本案中刘某受让的涉案股权,股东是否如实出资对本案股权转让合同效力不构成必然影响。

3. 青海省高级人民法院(2016)青民终181号民事判决书

裁判要旨:双方对案涉退资和转让股份协议的真实性不持异议,是双方真实意思表示。就股权转让的受让人何某而言,核实转让股权是否存在瑕疵出资是受让人应尽的基本义务,如果其明知或应当知道受让的股权存在瑕疵而仍接受转让的,应当推定其知道该股权转让的法律后果。本案中,双方在签订退资和股份转让协议时何某有义务对某丰公司的出资及债权债务情况进行核实,且在何某办理完某丰公司的变更手续后对某丰公司的出资情况应有清晰的了解,对某丰公司股东出资不到位的情形可按公司法关于股东瑕疵出资责任向某丰公司原股东进行追缴,与本案不属同一法律关系。何某及混凝土公司以对某丰公司出资不到位情况不知晓为由要求撤销案涉退资和股份转让协议与查明的事实不符,有悖诚实信用原则,该主张不能成立。

【法条索引】

《民法典》第一百四十八条;《公司法》第二十八条第一款;《公司法司法解释(三)》第十三条、第十八条、第二十条。

案例 18

周某中诉某快递服务有限公司股权转让合同纠纷案[①]

——侵犯股东优先购买权的股权转让协议效力认定

【案情简介】

被告某快递服务有限公司注册资金 51 万元,该公司原有股东三人,分别是李某(认缴出资额 17.034 万元,持股比例为 33.40%)、周某梅(认缴出资额 16.983 万元,持股比例为 33.30%)、马某(认缴出资额 16.983 万元,持股比例为 33.30%),登记的法定代表人为李某。2019 年 9 月 30 日,原告周某中与李某签订《股权转让协议书》,协议约定:① 李某将其出资的 17.034 万元(持股比例为 33.40%)全部转让给原告周某中。② 至 2019 年 9 月 30 日止,公司债权债务已核算清楚,无隐瞒,转让双方均认可。从 2019 年 10 月 1 日起受让人周某中成为公司股东,承认修改后的公司章程,享有股东权益,承担股东责任。③ 转让方李某自转让之日起不再是公司股东,不得以公司名义对外从事任何活动。

2019 年 10 月 9 日被告某快递服务有限公司召开股东会,经表决,通过以下决议:① 同意转让方李某将其在快递服务有限公司

[①] 案例来源:河南省修武县人民法院(2020)豫 0821 民初 1802 号民事调解书。

33.40%的股份转让给受让方周某中。②同意修改公司章程。但时至起诉日,原告周某中发现被告某快递服务有限公司仍未到当地市场监督管理局办理原告股东身份的变更登记,给原告带来了潜在的风险,侵害了原告的合法权益。故,原告诉请要求被告向当地市场监督管理局办理原告的股权变更登记手续。

股东李某申请作为本案第三人参加诉讼,并提起反诉,请求依法判决解除第三人李某与原告周某中于2019年9月30日签订的《股权转让协议书》。理由是:因第三人李某与原告周某中于2019年9月30日签订的《股权转让协议书》未告知快递服务有限公司的其他股东马某,现马某已向第三人李某主张其优先购买权,故第三人李某与原告周某中签订的《股权转让协议书》客观上已无法继续履行。

股东马某申请作为本案第三人参加诉讼,并提起反诉,请求依法判令确认第三人马某对第三人李某与原告周某中转让的快递服务有限公司33.40%股权在同等条件下(即股权价款17.034万元)享有优先购买权;依法判令申请人以17.034万元优先购买第三人李某转让的快递服务有限公司33.40%股权。

第三人李某拟将其持有被告快递服务有限公司的33.40%股权以17.034万元的价款转让给原告周某中,但该股权转让协议的签订以及转让股权份额、股权价款,未依法通知第三人马某,严重侵害了第三人马某的优先购买权,故该案判决结果势必影响第三人马某的合法权益及公司的治理结构。

第三人李某代表被告某快递服务有限公司出庭应诉,答辩称:因现第三人马某就涉案股权主张行使优先购买权,故应先查明周某中与李某签订的《股权转让协议书》是否侵害了其优先购买权后,再对被告公司是否应当履行协助原告周某中的股权变更登记义务进行审理。

【裁判结果】

本案一审调解结案,调解内容为:各方当事人撤回诉讼请求,自行在7日内协商解决。7日内不能协商解决的,首先采用竞价的方式解决公司股权问题,也可采用其他方式解决。如仍不能解决的,各方当事人均可向法院提起诉讼。

各方当事人经协商达成以下方案:马某依照李某与周某中的股权转让协议(共计35万元)优先购买李某的股权,第一笔款15万元,马某于2021年3月18日前支付到李某指定的周某中账户,余款由马某与李某之间按原约定继续履行。如果马某逾期未支付上述款项,视为马某放弃权利,同意李某与周某中的股权转让协议,李某与周某中的股权转让协议继续履行。

【裁判要旨】

略。

【裁判评述】

本案是关于公司其他股东要求行使优先购买权的典型案例,本案涉及的主要争议焦点是:股权转让人李某是否就股权转让事宜向股东马某履行了通知义务,其转让股权行为是否侵害了马某的优先购买权;如果侵犯了股东马某的优先购买权,对股东李某与第三人周某中的股权转让协议效力有无影响。

"股权优先购买权"是指股东享有的同等条件下优先购买其他股东拟转让股权的权利,该优先购买权是有限责任公司股东特有的一种法定权利。其目的在于限制股权自由处分,保护有限责任公司人合属性。但是优先购买权在司法实践中存在很大的问题,主要包括"同等条件""行使期限"及"侵害优先购买权"等。

结合本案例,笔者主要探讨一下对于侵害股东优先购买权的股权转让合同是否有效问题。根据现有判例来看,有的判决说有效,有的判决说无效,有的判决说可撤销,有的判决说未生效,有的判决说有效但不能履行,有的判决还说效力待定,总之各类判决都有,有支持原告诉讼请求的,有不支持的。主要有三种不同的学说观点,每种学说都有一定的事实和依据,下面分别介绍不同学说主张。

(1)"无效说"认为,侵害股东优先购买权的股权对外转让合同因违反强制性规定而属无效。该说没有对"强制性规定"加以区分,笼统地将所有违反强制性规定的情形都归为无效。《民法典》第一百五十三条规定的"强制性规定",特指的是效力性强制性规定。《公司法》第七十一条第二款关于股东对外转让股权经其他股东过半数同意,且必须就股权转让事项书面通知其他股东征求同意之规定虽属强制性规定,但并非强制性规定中的效力性强制性规定,不构成合同无效的理由。所以认定侵害股东优先购买权的股权对外转让合同无效是不合理的。

(2)"可撤销说"认为,侵害优先购买权的股权转让协议属于可撤销合同,优先购买权人提出撤销之诉时,法院可依法撤销转让人与第三人之间的股权转让合同,如果优先购买权人不提出撤销之诉,则转让合同有效。但是根据我国《民法典》的规定,侵害优先购买权的行为并未包含在合同可撤销的情形之中,因此,将其归为可撤销合同似乎也不适当。

(3)"有效说"认为,股东优先购买权是为了维护公司内部信赖关系,因此法律要否定的是第三人优先于其他股东取得股权的行为,而不是转让股东与第三人间成立转让协议的行为。而且合同有效并不意味着权利发生变动,法律要想保护优先购买权人的权益,仅需在权利变动环节加以规制,通过制度措施在权利变动环节阻止第三人取得股权,而不必对合同效力加以干涉。

笔者认为,股东优先购买权的目的在于通过保障其他股东优先获得拟转让股份而维护公司内部信赖关系,因此,法律所要否定的是股东以外的股权受让人优先于公司其他股东取得公司股份的行为,而不是转让股东与股东以外的股权受让人之间签订的股权转让合同的效力。并不是只有撤销股权转让合同或否定股权转让合同的效力才能保护其他股东的优先购买权[1]。事实上,合同的效力是可以与权利变动的结果相区分的,法律可通过在权利变动领域施以控制以保护相关利害关系人的权益,而不必在合同效力领域加以干涉。对于侵害股东优先购买权的股权转让合同是否有效的问题,《公司法司法解释(四)》第二十一条虽然没有明确规定,但《全国法院民商事审判工作会议纪要》为统一裁判规则,在第九条规定:"审判实践中,部分人民法院对公司法司法解释(四)第二十一条规定的理解存在偏差,往往以保护其他股东的优先购买权为由认定股权转让合同无效。准确理解该条规定,既要注意保护其他股东的优先购买权,也要注意保护股东以外的股权受让人的合法权益,正确认定有限责任公司的股东与股东以外的股权受让人订立的股权转让合同的效力……为保护股东以外的股权受让人的合法权益,股权转让合同如无其他影响合同效力的事由,应当认定有效。"

通过以上探讨可知,股东优先购买权的行使与否不影响其他股东与非股东第三人间股权转让协议的效力,只影响该协议能否实际履行。即股权转让协议是否有效应当按照该协议自身的内容根据

---

[1] 最高人民法院民事审判第二庭编著:《〈全国法院民商事审判工作会议纪要〉理解与适用》,人民法院出版社 2019 年版,第 143—144 页。

《民法典》关于合同效力的规定加以认定。

接下来的问题是"有效的股权转让协议"与"其他股东优先购买权"如何平衡？笔者认为，对转让股东与非股东受让方之间的股权转让合同，实务中应根据履约进度的不同相应处理。第一种情况，股权转让合同签署后，标的股权未完全转移到受让方时，转让股东与非股东受让方之间的股权转让协议能否实际履行，受制于其他股东的优先购买权。如果其他股东放弃行使优先购买权，则股权转让合同可以获得履行；如果其他股东选择行使优先购买权，将导致股权转让合同履行不能，非股东受让方可依据股权转让合同追究转让股东的违约责任。第二种情况，在股权转让合同已经履行完毕，股权也已变更至非股东受让方名下时，从维护交易安全的角度出发，不仅应当认定股权转让合同的效力，而且原则上也不应当允许其他股东行使优先购买权。《公司法司法解释（四）》第二十一条表达的便是此观点，司法解释将其他股东优先购买权的行使限定在一定期间内，目的在于维护已趋稳定的社会关系。同理，股权转让合同签订后，股权变动到非股东受让方名下需要满足其他条件，如将非股东受让方变更登记在公司章程、股东名册、工商登记上，但上述程序均需公司和其他股东的配合，其他股东不可能不知道股权转让的事实。如果其他股东在明知或应知股权转让的情况下，不积极主张自己的权利，导致股权变动履行完毕，此时其他股东不能再主张优先购买权，其可向转让方主张侵权或违约赔偿责任[①]。

就本案而言，虽然最后是通过调解的方式结案，但就本案事实和适用法律而言，笔者作出如下分析。

（1）案涉股权转让未依法取得第三人马某同意，转让协议应为

[①] 王纯强：《侵害股东优先购买权的合同效力》，载《人民司法·案例》2020年第8期，第78—82页。

无效。根据《公司法》第七十一条第二款规定:"股东向股东以外的人转让股权,应当经其他股东过半数同意。股东应就其股权转让事项书面通知其他股东征求同意,其他股东自接到书面通知之日起满三十日未答复的,视为同意转让。其他股东半数以上不同意转让的,不同意的股东应当购买该转让的股权;不购买的,视为同意转让。"本案中,某快递服务有限公司登记股东三名,分别为李某、周某梅及马某。李某向周某中转让案涉股权未依法通知第三人马某,未征得第三人马某同意,不符合上述法律规定,案涉股权转让依法无效。

(2)案涉股权转让未依法通知第三人马某,未征询第三人马某是否行使优先购买权,案涉转让协议无效。根据《公司法司法解释(四)》第十七条第一款、第二款规定:"有限责任公司的股东向股东以外的人转让股权,应就其股权转让事项以书面或者其他能够确认收悉的合理方式通知其他股东征求同意。其他股东半数以上不同意转让,不同意的股东不购买的,人民法院应当认定视为同意转让。经股东同意转让的股权,其他股东主张转让股东应当向其以书面或者其他能够确认收悉的合理方式通知转让股权的同等条件的,人民法院应当予以支持。"本案中,李某向周某中转让案涉股权时,未将股权转让的转让份额、价款、支付方式等同等条件依法通知第三人马某,亦未征询或催告第三人马某行使优先购买权,违反上述司法解释规定,案涉股权转让协议在第三人马某主张优先购买权的情况下应为无效。

(3)马某对案涉股权业已主张优先购买权,原告诉请应予驳回。根据《公司法司法解释(四)》第十七条第三款规定"经股东同意转让的股权,在同等条件下,转让股东以外的其他股东主张优先购买的,人民法院应当予以支持,但转让股东依据本规定第二十条放弃转让的除外"。第二十条规定"有限责任公司的转让股东,在其他股东主张优先购买后又不同意转让股权的,对其他股东优先购买的主张,人民法院不予支持,但公司章程另有规定或者全体股东另有约定的除外。其他股东主张转让股东赔偿其损失合理的,人民法院应当予以支持"。

综上所述,原告诉请能否成立有赖于原告是否能继受取得案涉股权,因第三人马某已依法主张优先购买权,原告依法已无法取得案涉股权,故其诉请应予驳回。但对于因第三人马某主张行使优先购买权而导致受让方周某中无法实现合同目的的,原告周某中完全有权向转让股东李某主张相应的违约责任。

本案衍生出了三个问题,供大家进一步探讨:① 转让股东李某在股权优先购买权人马某主张权利后,李某能否撤回转让意向即是否有"反悔权";② "同等条件下其他股东享有优先购买权"中的"同等条件"应如何认定;③ 马某一年后提出股权转让协议侵犯了其股权优先购买权,是否超过行使期限?

【类案裁判】

1. 无锡市中级人民法院(2021)苏02民终533号民事判决书

裁判要旨:股东优先购买权的目的在于通过保障其他股东优先获得拟转让股份而维护公司内部信赖关系,关于优先购买权的法律规定所要否定的是非股东第三人优先于公司其他股东取得公司股份的行为,而不是转让股东与第三人之间成立转让协议的行为。本案只需确认朱某是否有权行使优先购买权,无须对《股权转让协议》的合同效力作出判断,故对朱某主张该《股权转让协议》无效的请求不予支持。蒋某未能证明已就股权转让事项书面通知朱某并征得其同意,蒋某对外转让股权未通知朱某,股权变更登记亦未超过一年,故朱某在同等条件下享有优先购买权。

2. 济南市中级人民法院(2022)鲁01民终6582号民事判决书

裁判要旨:原告与被告(公司原股东)之间的《股权转让协议》不

以办理工商变更登记为生效要件,现双方已经履行了交付绝大部分股权转让款等行为,《股权转让协议》及相关协议已经成立、生效并已实际履行,原告已是公司的实际股东,现原告以未办理工商变更登记为由要求返还股权转让款的诉讼请求,没有事实和法律依据,不予支持。

3. 南宁市中级人民法院(2014)南市民二终字第379号民事判决书

裁判要旨:股东优先购买权是附有条件的形成权,其行使并非随时可以进行,只有在股东向第三人转让股权时方可行使,股东对外转让股权是其他股东优先购买权行使的前提。而股东对外转让其股权时,应当履行通知其他股东的义务,没有履行通知义务,即侵害了其他股东的优先购买权,其对外转让股权的行为是具有可撤销的行为。股东对外转让股权的行为被依法撤销后,已转让的股权应当返还,股东可以选择继续转让或者终止转让,股权转让一旦终止,其他股东不能主张行使优先购买权。本案中,陈某与程某裕之间产生的股权转让行为侵害了秦某的优先购买权,被依法撤销后,陈某选择继续转让,秦某即可行使优先购买权,陈某选择终止转让,是陈某的自由意志,不受制于秦某行使优先购买权的意愿,秦某不能行使优先购买权。

4. 大连市中级人民法院(2021)辽02民再99号民事判决书

裁判要旨:杨某宇行使股权优先购买权,应自其知道行使优先购买权的同等条件之日起30日内或自股权变更登记之日起一年内主张。关于杨某宇知道股权转让同等条件的时间点,首先,杨某宇并没有在案涉股权转让的股东会决议上签字,本案不能通过股东会决议的形成时间判断杨某宇知道股权转让的具体时间。其次,李某作为股权转让人,其对通知时间和通知内容的陈述应作为本案认定事实的重要依据。即使杨某宇有上述自认,但上述内容并不足以证明杨某宇知道了股权转让同等条件的全部内容。仅知晓股权转让的数量和价格并不能视为知晓股权转让的同等条件,故金某关于杨某宇于 2016 年 1 月即知晓股权转让的同等条件的辩解,本院不予采信。本案中李某陈述其在金某支付股权转让价款后将股权转让的同等条件告知杨某宇,故杨某宇应在 2016 年 3 月 25 日后知晓股权转让的同等条件。其于 2016 年 4 月 11 日提起本案诉讼主张股权优先购买权并未超过 30 日的法定期限,杨某宇的诉讼请求应予支持。

【法条索引】

《民法典》第一百四十三条、一百五十四条;《公司法》第七十一条、第五十七至六十三条;《全国法院民商事审判工作会议纪要》第九条;《公司法司法解释(四)》第十七至二十二条。

案例 19

夏某诉某源公司、王某、唐某合同纠纷案[①]
——判定一人公司股东连带责任的司法认定标准

【案情简介】

某源公司于2016年9月19日注册成立,类型为自然人独资的有限责任公司,经营范围为环保工程、环保设备等,法定代表人、股东均为唐某一人。

2020年9月5日,夏某(甲方、出借人)与某源公司(乙方、借款人)签订《借款合同》一份,主要内容为:①借款用途为企业经营,借款金额700 000元,借款期限300天,以实际转账凭证日期为准,借款费用为借款期限内月息1.28%;②乙方同意如借款期限届满或乙方还款能力发生重大变化,甲方要求提前收回借款时,乙方未还清借款的,担保人承担连带责任;③有违约事件发生时,甲方有权向乙方按借款金额20%一次性收取违约金。借款合同落款处,显示有出借人夏某签名、借款人某源公司印章、唐某签名和指印捺印、担保人王某签名和指印,同时显示有手写内容:身份证号:4108111956****9031,此合同以资金转入中国农业银行王某账户:623052237004012****始生效。根据夏某提交的转账凭证显示,2020年9月7日,夏某向合

[①] 案例来源:河南省武陟县人民法院(2023)豫0823民初1809号民事判决书;河南省焦作市中级人民法院(2023)豫08民终2525号民事判决书。

同中约定银行账户转款700 000元。

原告夏某诉称,其在深圳做生意,出借给某源公司的700 000元系自己的劳动所得,其与王某是朋友关系,某源公司、唐某没有偿还本金及利息,应承担还款责任;王某作为担保人应承担相应担保责任;被告唐某作为某源公司一人股东,其个人财产与某源公司财产混同,应当对某源公司的债务承担连带责任。

被告某源公司辩称,王某从2020年8月份起为公司高管,于2021年6月离开,借款协议系王某一人所为,公司对该笔借款并不知情,公司从未收到该笔借款,王某也并未将该笔借款用于公司经营;公司的公章一直由王某保管并使用,借款合同上的盖章行为也是王某个人所为,不代表公司。故公司不应承担责任。

被告唐某辩称,借款合同上"唐某"的签名和指印均是伪造,非本人所为;唐某虽为某源公司登记的一人股东,但实际上并未参与公司的任何经营管理,也不享受公司任何利益,只是"挂名"而已。其向法院提交了《股权代持协议书》这一证据,以此证明其只为挂名股东,其个人财产与公司财产并未发生混同,不应对公司债务承担连带责任。

被告王某未出庭应诉答辩。

【裁判结果】

一审判决:① 被告某源公司于本判决生效后10日内偿还原告夏某借款本金700 000元及利息(利息以700 000元为基数,自2020年9月7日起,按照月息1.28%标准计算至2021年7月4日止,自2021年7月5日起,按照年利率15.4%标准计算至被告某源公司实际清偿完毕之日止);② 被告唐某对上述第一项债务承担连带清偿责任;③ 驳回原告夏某的其他诉讼请求。二审维持原判。

【裁判要旨】

《公司法》第五十九条规定:"一人有限责任公司应当在公司登记中注明自然人独资或者法人独资,并在公司营业执照中载明。"第六十三条规定:"一人有限责任公司的股东不能证明公司财产独立于股东自己的财产的,应当对公司债务承担连带责任。"本案中,某源公司的企业登记信息显示为自然人独资有限公司,股东为被告唐某一人,现被告唐某所举证据不能证明某源公司的财产独立于其个人财产,应承担不利后果,对原告要求被告唐某承担连带清偿责任的请求,法院依法予以支持。

【裁判评述】

本案是关于公司法人人格否认的典型案例,本案主要争议焦点问题是:被告唐某作为一人公司的继受股东是否应当对公司债务承担连带责任?

股东有限责任和公司法人人格独立是现代公司法制度的两大基石,有限责任是指股东以其认缴的出资额为限对公司承担责任,公司以其全部财产对公司的债务承担责任。原则上,股东、公司、债权人人格相互独立。但是,实践中,股东滥用公司法人独立地位和股东有限责任逃避债务的行为,致使外部债权人权益受损的情况不在少数。由于一人有限责任公司的特殊性,单一股东实际控制公司,相较于一般的有限责任公司没有相互制衡的内部治理结构,缺乏监管机制而更易引发经营道德风险,趋于对利润最大化的追求,会以公司有限责任为挡箭牌而肆意侵害债权人的利益,这就是一人有限责任公司对传统公司有限责任制度的挑战。为解决这一矛盾,我国《公司法》规定了一人有限责任公司的法人人格否认制度,并采取的是举证责任倒置的规定,即由股东来证明其所设立的一人有限责任公司财产是独立于自己的个人财产的,如其不能证明公司财产与个人财产是互相独立的,则要对公司债务承担连带责任。公司的债权人只要据此规定,提出公司财产与股东个人财产混同的主张,则公司股东就要承担证明其个人财产与公司财产相互独立的责任,也就是由股东自证清白。因为相对于债权人来讲,股东对于公司有关信息的掌握拥有绝对的优势,债权人一般无从知道公司财产与股东的财产是否互相独立,因此由股东来承担证明责任是适当的。另一方面来讲,这也是给了股东一个机会,只要其能证明个人财产与公司财产是互相独立的,则可免于承担连带责任,只以自己的投资额对债权人承担有限责任。这种制度在一定程度上是对有限责任制度的一种维护和补充,制约了一人股东滥用公司法人人格,从而部分保障了债权人的利益。

但在司法实践中,股东自证清白是很难的。如此一来,一人有限责任公司股东的责任形式表面上为有限责任,但大多数情况下则为无限责任。我国一人公司人格否认概率如此之高有三个原因:第一,我国一人公司制度历史很短,加上其固有的结构特性,被滥用的可能性相对较大。第二,实践中,某些地区法院对于一人公司可能存在先入为主的偏见,倾向于认定一人公司人格否认的可能性极高,不可避免地在适用混同标准时相对宽泛。第三,一人公司财产混同的证明责任转移到公司股东,即推定存在财产混同问题,通常公司股东难以进行有效的辩驳,存在证明难的现实困境。一人公司实行举证责任倒置的初衷是为了解决债权人举证难的问题,但从目前的实践效果看,似乎给一人公司股东施加了过重的举证责任。这种实践倾向继续下去,可能导致一人公司仅仅构成经济意义上的主体,而在法律意义上失去实质主体地位。

那么,作为一人公司股东,为了能够继续享受有限责任的优待,究竟该如何证明其个人财产独立于公司财产就显得至关重要。在长期的司法实践中,法院对于一人公司人格否认的证明标准相当严谨、审慎,主要遵循以下原则:第一,一人公司股东提交了经会计师事务所审计的每一会计年度财务会计报告,且内容必须完整、连续,同时需要附带完整的会计账册,一般可认为一人公司已达到《公司法》第六十三条规定的举证要求。债权人认为经会计师事务所审计的每一会计年度财务会计报告不具有证明效力,应提供相反证据或予以充分说明。第二,一人公司股东虽未提交经会计师事务所审计的每一会计年度财务会计报告,但提供了司法审计报告等其他证据,能够反映公司财产的运行状况,包括公司财产的去向以及财产用于公司正常合理开支的,可以认定已尽到《公司法》第六十三条规定的举证责任。第三,如存在名股实债或借名股东的情形,需要在出借股东名义或是转让股权时,签订借名协议或有名股实债内容的协议,并将以上协议进行见证或者公证。如公司真实股东每月支付挂名费或借款利息,留存银行转账凭证,发生纠纷后,将协议及转账流水作为证据一并提供,从而证明登记股东并未实际参与经营,并非实际股东的证据。

笔者认为,在法律适用时应注意以下几点:第一,一人公司股东是否已经穷尽其举证能力。如果股东在其能力范围之内穷尽了举证途径和证据材料,法院应对其证据进行审慎考量,不应局限于法条所倾向的举证内容而一概认定不予采信。第二,在举证方面,法院应当对一人公司股东应承担的举证责任进行适当释明,以利于一人公司股东充分行使举证权利以维护自身利益。第三,举证责任倒置确实能够充分保护公司债权人利益,但应当加以合理限制,将一部分举证责任由债权人承担。债权人应当对股东的滥用行为导致自己的利益遭受损失进行证明,提出初步证据,但证明责任的强度应该降低,只需要使法官产生股东和公司有可能产生人格混同、财务混同的合理怀疑,随后再由一人公司的股东承担自身财产独立于公司的证明责任,但是对于股东的证明强度也应当合理放宽,达到排除合理怀疑的程度要求太过于严苛,只要提出的证据能达到高度盖然,并且在举证过程中,法官可以根据双方提出证据的证明力,综合认定后根据具体案情对举证责任的证明标准进行一定程度的改变。这样举证责任的分配就可以合理限制债权人滥诉而又不会死板僵化。

本案中,唐某虽为某源公司登记的一人股东,但实际上并未参与公司的任何经营管理,也不享受公司任何利益,只是"挂名"而已。一审中也向法院提交了《股权代持协议书》这一证据,可以充分证明唐某只为挂名股东,其个人财产与公司财产并未发生混同,不应对公司债务承担连带责任。而真正人格混同的是公司实控人(隐名股东)王某,承担举证责任的也应是王某,本案一审判决却让真正的责任人逃脱了法律制裁,有违公平正义。

接下来需要延伸的一个问题是:一人公司股权转让后,原股东与新股东对公司旧债的责任如何承担?

笔者认为,这要分为两种情况进行分析。第一种情况,如果是一人公司原股东将全部股权转让给一名新股东,原股东与新股东不能证明本人持股期间公司财产独立于股东自己的财产的,原股东与新股东应当对股权转让前发生的公司债务承担连带责任。其法理依据是:对于原股东,因债务是发生在股权转让前,所以原股东对本人持股期间发生的债务情况是明知的。如果不能举证证明股权转让前公司财产独立于自己财产,可推定其存在滥用权利、逃避债务、严重损害债权人利益的行为,原股东须对公司旧债承担连带责任;对于新股东,如不能举证证明股权转让后公司财产独立于新股东财产,同样会存在股权转让后公司向包括旧债在内的全体债权人偿债能力不足的风险。如新股东疏于审查即受让股权,可推定其对相关情况是应知的,并愿意接受原公司和股东的对外风险,故新股东以不知道旧债为由抗辩,应不予采信。这种责任分担模式实际上是借鉴了《公司法司法解释(三)》第十八条的规定。第二种情况,如果是一人公司原股东将全部或部分股权转让给多名新股东,原股东不能证明本人持股期间公司财产独立于股东自己的财产,原股东应当对股权转让前发生的公司债务承担连带责任。债权人有证据证明新股东滥用公司法人独立地位和股东有限责任,逃避债务,严重损害公司债权人利益的,新股东应当对股权转让前发生的公司债务承担连带责任。其法理依据是:对于原股东,由于股权转让前为一人公司,可依据《公司法》第六十三条分配举证责任,由原股东举证证明个人财产独立于公司财产。原股东如不能举证证明,应对股权转让前发生的公司债务承担连带责任;对于新股东(包括股权转让后仍持有股权的原股东),债权人主张股权转让后的股东承担责任的,应由债权人举证证明公司和股东在股权转让后具备法人人格否认的构成要件,而不能以股东不能举证证明公司财产独立于自己财产为由,要求受让股东承担责任。本案中,实际控股股东王某是从原股东戚某手中购买的股权,属于单一股东变更的情况,就应当对股权转让前和转让后发生的公司债务都承担连带责任。

【类案裁判】

1. 河南省高级人民法院(2021)豫民终266号民事判决书

裁判要旨:《公司法》第六十三条规定:"一人有限责任公司的股东不能证明公司财产独立于股东自己的财产的,应当对公司债务承担连带责任。"基于一人有限责任公司的特殊性,《公司法》对一人公司股东规定了举证责任倒置,即由股东举证证明其个人财产独立于公司财产,否则应承担不利后果,即使该一人股东此后将股权转让,也不能免除其作为公司股东期间应对公司债务承担的相应连带责任。本案一审中,王某军并未就此提交充分证据予以证明。二审中,王某军提交某晟燃气公司 2017 年度、2018 年度的《审计报告》以及 2018 年度的"经营成果"《专项审计报告》,据以证明其个人财产与公司财产独立,不存在混同情形。本院经对相关证据审查认为,公司年度审计报告往往反映的是公司某一特定日期的财务状况或某一会计期间的经营成果等会计信息,并非一人公司与股东之间财产是否混同的专项审计报告。从证据关联性角度出发,股东以审计报告进行举证,该审计报告应当能清晰反映出一人公司与股东之间财产相分离,不存在公私账户混用、资金往来频繁等情形,也即直接能从审计报告中得出股东与公司财产不混同的结论。王某军提供的审计报告仅包括某晟燃气公司财务状况的相关数据,无法全面反映公司的投资、经营、预决算、亏损弥补、分红等各个环节,不能证明其与某晟燃气公司财产独立。在此情况下,应由王某军承担举证不力的后果。故法院认为,王某军应就某晟燃气公司所涉债务承担连带清偿责任。

2. 山东省高级人民法院(2022)鲁民终 367 号民事判决书

裁判要旨:本案中,张某龙系某飞公司唯一股东,王某涛在某泉公司作出涉案保证函时系其唯一股东,故张某龙、王某涛对自己的财产独立于公司财产负有证明义务。某泉公司、某飞公司、王某涛、张某龙虽然在一审期间提交了某泉公司、某飞公司相应年度的审计报告,但该审计报告不仅系某泉公司、某飞公司单方作出,且根据兖州某煤业二审期间提交的《华盛某泉集团有限公司审计报告说明》载明的内容,该审计报告存在形式与内容上的重大瑕疵,某泉公司、某飞公司、王某涛、张某龙亦不能对此作出合理解释,故一审法院认定某泉公司、某飞公司、王某涛、张某龙不能证明个人财产独立于公司财产并无不当。某泉公司、王某涛、张某龙在二审期间提交《华盛某泉集团有限公司专项审计报告》《临沂某飞商贸有限公司专项审计报告》,拟证明股东与公司间不存在财产混同,但该两份审计报告均系某泉公司、某飞公司、王某涛、张某龙单方委托制作,报告内容亦载明确保审计材料真实、准确、完整的责任主体系某泉公司与某飞公司,兖州某煤业也对此提出异议,故本院不予采纳,某泉公司、王某涛、张某龙应当承担举证不能的不利后果。综上,某泉公司、王某涛、张某龙不能证明股东财产独立于公司财产。

3. 山东省青岛市中级人民法院(2022)鲁02民终8547号

裁判要旨:某联控股公司作为一人有限责任公司的股东,提交了其于2011年度至2020年度及2021年度审计报告、《某联控股公司和某联公司人格独立的专项审计报告》。上述审计报告的提交,可以证明某联控股公司履行了《公司法》第六十二条规定的一人有限责任公司应当在每一会计年度终了时编制财务会计报告,并经会计师事务所审计的法定义务。而且上述审计报告均由与双方当事人无利害关系的独立第三方、具有资质的会计师事务所作出,应认定上述审计报告具有合法性、真实性、关联性,有较强的证明效力,法院依法予以采信。《某联控股公司和某联公司人格独立的专项审计报告》的审计结果能够客观真实地反映出某联控股公司和某联公司在人员、业务、资产等方面都保持各自的独立性,未发现某联控股公司滥用股东权利违规干涉某联公司权利和利益的现象。某联控股公司提交的上述审计报告可以证明某联公司的财产独立于其股东某联控股公司自己的财产,证明某联公司和某联控股公司无财产混同情形。

【法条索引】

《公司法》第二十条、第五十七条、第五十八条、第五十九条、第六十条、第六十一条、第六十二条、第六十三条;《全国法院民商事审判工作会议纪要》第十三条。

案例 20

郭某诉 A 财产保险股份有限公司保险合同纠纷案[①]

——保险公司"无责不赔"条款是否有效

【案情简介】

2012年12月13日17时左右,司机徐某驾驶原告郭某所有的轿车与第三者常某驾驶的轿车发生相撞,致使原告驾驶人员与车上乘坐人员受伤,原告郭某所有的轿车严重损坏事故,经事故科调查后作出了道路交通事故认定:第三者常某对事故负全部责任,徐某对事故不负责任。另查证,第三者常某驾驶的机动车在中国某保险公司投保了交强险,原告郭某的车辆在 A 财产保险股份有限公司(以下简称 A 财保公司)投保了机动车交强险和车辆损失险以及商业第三者责任险,事故发生时双方均在保险期间。经鉴定,原告郭某所有的车辆损失43 804元,该事故的发生致使原告先后支出了定损费1 700元、施救费500元、拆检费2 500元、交通费1 300元、保全费420元,扣除交强险2 000元,共计48 224元。

原告认为,上述费用的发生,虽然是由于第三者常某违章驾驶行为所造成,但原告郭某与被告 A 财保公司之间系保险合同关系,被

[①] 案例来源:河南省焦作市解放区人民法院(2013)解民二初字第289号民事判决书;焦作市中级人民法院(2013)焦民二金终字第00055号判决书。

告 A 财保公司应在第三者常某投保的某保险就交强险赔偿范围之外的侵权责任部分,按保险合同约定在原告投保的车辆损失险范围内予以赔偿。

A 财保公司辩称:双方签订的车辆商业保险合同中有"保险人依据保险车辆驾驶人在事故中认定的事故责任比例,承担相应的赔偿责任"的条款规定,因该起交通事故中原告郭某的车辆无责,故我保险公司不应承担赔偿责任。因双方协调无果,原告郭某依法提起诉讼,请求判令 A 财保公司承担郭某车辆损失 43 804 元、拆检费 2 500 元、施救费 500 元、定损费 1 700 元、交通费 1 300 元、保全费 420 元,扣除交强险 2 000 元后合计 48 224 元。

【裁判结果】

一审法院判决:A 财保公司于本判决生效之日起 10 日内向郭某支付保险理赔款 46 504 元;驳回郭某的其他诉讼请求。

A 财保公司不服提起上诉,二审法院驳回上诉,维持原判。

【裁判要旨】

投保人投保车损险的目的在于其机动车在受到意外损失的时候能够及时得到补偿。上诉人 A 财产保险公司所主张的按责任比例承担赔偿责任,在被保险机动车驾驶人无责的情况下,实质上是免责条款,免除了保险人依法应承担的义务、排除了被保险人获得保险金这一主要权利。该条款在《机动车辆保险条款》中位于"赔偿处理"部分而非"责任免除"部分,作为免责条款在合同中处于非明显位置,也未明示告知属投保人应详细阅读的内容,使其明了该条款的真实含义和法律后果。保险人未尽到提请注意及明确说明之义务,应当承担保险责任。

【裁判评析】

本案属于典型的财产损失保险合同纠纷，本案主要争议焦点为被保险车辆驾驶人在交通事故中不承担责任的情况下，保险人能否拒绝赔偿被保险机动车的车辆损失。

"无责不赔"一直是保险合同纠纷案件中保险公司拒赔的挡箭牌，保险公司主张"无责不赔"的主要理由是车辆商业保险合同中有"保险人依据保险车辆驾驶人在事故中认定的事故责任比例，承担相应的赔偿责任"的条款，也就是通常所说的车损险"无责不赔"条款即保险车辆不负事故责任，保险公司也不承担车辆的损失费用。该条款规定已成为保险理赔的潜规则，但对其效力问题，笔者认为应当认定为无效条款，理由如下。

第一，《中华人民共和国保险法》（以下简称《保险法》）第十九条规定："采用保险人提供的格式条款订立的保险合同中下列条款无效：（一）免除保险人依法应承担的义务或者加重投保人、被保险人责任的……"。"无责免赔"条款属保险人提供的免除其依法应承担的义务的格式条款，应当认定无效。

第二，《保险法》第六十条规定："因第三者对保险标的的损害而发生保险事故的，保险人自向被保险人赔偿保险金之日起，在赔偿金额范围内代为行使被保险人对第三者请求赔偿的权利……"。《最高人民法院关于适用〈中华人民共和国保险法〉若干问题的解释（二）》第十九条第一款规定："保险事故发生后，被保险人或者受益人起诉保险人，保险人以被保险人或者受益人未要求第三者承担责任为由抗辩不承担保险责任的，人民法院不予支持。"上述条款规定了保险公司的先行赔付及代位求偿权。当保险事故发生后，无论被保险车辆是否有责，保险公司均应依法先行对被保险人支付赔偿金。在法律明确规定保险公司有代位求偿权的情况下,保险公司不能以"无责不赔"为由拒赔。而且"无责不赔"与鼓励机动车驾驶人员遵守交通法规的社会正面导向背道而驰,也不符合投保以分散社会风险的缔约目的。

第三,根据法律规定,因第三者的侵权行为引起保险事故导致保险标的损失的,被保险人可以基于侵权法律关系,请求第三者承担保险标的损失的赔偿责任,也可以基于保险合同关系,请求保险公司依保险合同履行保险赔偿责任,故被保险人有权在合同和侵权之间选择一个有利于自己的法律关系进行诉讼。至于保险条款中约定的"保险人按保险车辆在事故中的责任比例给付保险金"与保险条款中约定的"保险车辆因第三人之损害而发生保险事故,造成保险车辆损失的,保险人在赔偿被保险人后可以在赔偿范围内代位行使被保险人对第三人请求赔偿的权利"并不矛盾,其内容是指保险公司赔偿被保险人的车辆损失后,有权根据第三人在事故中的责任按比例向第三人追偿。

第四,保险人按照被保险人或其允许的驾驶人所负的事故责任比例承担赔偿责任,是机动车第三者责任险的赔偿原则,因为第三者责任险承保的是被保险人对第三者应负的民事赔偿责任,属于责任保险。而车辆损失险是以被保险车辆因碰撞等事故所造成的车辆损失作为保险标的的保险,单方交通事故或是双方交通事故都可能造成被保险车辆的损坏。车损险本身不属于责任保险,不应将责任保险中的"有责赔付、无责不赔"的原则引入车损险中。投保人之所以为车辆投保车损险,就是在发生车辆损失后,可以依据车损险合同获得经济补偿。而被保险人在交通事故中所遭受的车损与其在事故中应当承担的责任比例,没有必然的联系。被保险人在交通事故中可能不承担责任,但其车辆可能损失很重,如果"无责不赔"成立,被保险人的权利实现就只能依赖于事故对方的赔偿能力,如果再遇见对方车辆未投保第三者责任险的情况,被保险人的权利就更难得到保障。被保险人在交通事故中不承担责任,说明被保险人或其允许的合法驾驶人是安全、文明的驾驶者,如果无责被保险人得不到丝毫赔偿而违反驾驶操作规范的全责被保险人反得到保险赔偿金的话,显然有失公正,这种不合理的结果也违背了保险法的立法宗旨和目的。

本案中,郭某与A财保公司是车损险保险合同的双方当事人,合同内容约定了当保险车辆发生交通事故造成损失时,由保险人进行赔偿,所以郭某的车辆因第三人的行为造成损害,郭某有权向A财保公司理赔;另根据双方签订的保险合同约定,因第三方对被保险机动车的损害而造成保险事故的,保险人自向被保险人赔偿保险金之日起,在赔偿金额范围内代位行使被保险人对第三方请求赔偿的权利。因此,郭某有权选择向A财保公司主张因本次事故造成的车辆损失承担保险责任。

本案的裁判对于纠正部分保险公司"无责不赔"的错误认识,维护投保人和被保险人的合法权益,引导保险行业健康有序发展具有一定的意义。同时,该案的裁判具有一定的社会导向功能,如果法院支持保险公司"无责不赔",则与社会民众的认知以及社会的交通管理制度相冲突,试想一个遵守交通法规的公民发生交通事故以后,因为无责,得不到保险公司及时的赔偿,只能向侵权方主张权利,若侵权方没有赔偿能力,则被保险人权利得不到救济,这与投保人投保的初衷背道而驰,失去了投保的意义。

【类案裁判】

1. 包头市中级人民法院(2020)内02民终326号民事判决书

裁判要旨:被保险车辆发生保险事故后,被保险人既可以向侵权方主张侵权责任,也可以向保险公司主张赔偿责任,被保险人向保险公司的索赔权与被保险车辆在保险事故中是否有责任没有直接关系,保险公司不能因被保险人无责拒赔,保险公司赔付以后,享有对侵权方的追偿权。即使保险合同中有"无责不赔"相关约定,也应当依据《保险法》第十九条规定认定该条款为无效条款。

2.山东省聊城市中级人民法院(2020)鲁15民终943号民事判决书

裁判要旨:《保险法》第六十条规定:"因第三者对保险标的的损害而发生保险事故的,保险人自向被保险人赔偿保险金之日起,在赔偿金额范围内代为行使被保险人对第三者请求赔偿的权利……"。《最高人民法院关于适用〈中华人民共和国保险法〉若干问题的解释(二)》第十九条第一款规定:"保险事故发生后,被保险人或者受益人起诉保险人,保险人以被保险人或者受益人未要求第三者承担责任为由抗辩不承担保险责任的,人民法院不予支持。"上述条款规定了保险公司的先行赔付及代位求偿权。当保险事故发生后,无论被保险车辆是否有责,保险公司均应依法先行对被保险人支付赔偿金。在法律明确规定保险公司有代位求偿权的情况下,保险公司不能以"无责不赔"为由拒赔。而且"无责不赔"与鼓励机动车驾驶人员遵守交通法规的社会正面导向背道而驰,也不符合投保以分散社会风险的缔约目的。

【法条索引】

《民法典》第一百八十六条、第五百八十四条、第五百九十一条、第一千一百六十五条、第一千二百一十三条;《保险法》第十七条、第十九条、第六十条;《最高人民法院关于适用〈中华人民共和国保险法〉若干问题的解释(二)》第九条、第十一条、第十三条。

案例 21

A 财产保险股份有限公司与马某、王某、B 运输公司机动车交通事故责任纠纷案[①]

——醉驾发生事故造成损害,商业三者险是否赔偿

【案情简介】

原告马某驾驶甘 A×××号小型轿车由西向东行驶至青兰高速 1 822 km＋300 m 处时,与被告王某驾驶的豫 HD×××/豫 H×××挂号重型半挂货车发生碰撞,造成马某受伤和车辆受损。被告王某系醉酒驾车。甘肃省公安厅交通警察总队高速公路第一支队柳沟河大队作出甘公交认字(2013)第 0130205091 号道路交通事故认定书,认定王某系醉酒驾车,应负事故的主要责任;马某驾驶车辆超速行驶,应负事故的次要责任。经查:豫 HD×××/豫 H×××挂号重型半挂货车的实际车主为被告王某,该车辆挂靠在被告 B 运输公司名下;被告 B 运输公司在被告 A 财产保险股份有限公司(以下简称 A 保险公司)处为豫 HD×××/豫 H×××挂号重型半挂货车投保了主挂车交强险和商业三者险、不计免赔险;交通事故发生在保险期间。

另查明,第一,豫 HD×××/豫 H×××挂号重型半挂货车投保单中投保人声明栏里载明:"保险人已向本人详细介绍并提供了投

[①] 案例来源:河南省焦作市中级人民法院(2014)焦民三终字第 00241 号民事判决书。

保险种所使用的条款,并对其中免除保险人责任的条款(包括但不限于责任免除、投保人被保险人义务、赔偿处理、附则等),以及本保险合同中付费约定和特别约定的内容向本人做了明确说明,本人已充分理解并接受上述内容,同意以此作为订立保险合同的依据,本人自愿投保上述险种。上述所填写的内容均属实。"投保人签章处加盖了"B运输公司公章"。第二,豫HD×××/豫H×××挂号重型半挂货车保险单中重要提示栏里载明:"① 本保险合同由保险条款、投保单、保险单、批单和特别约定组成;② 收到本保险单、承保险种对应的条款后,请立即核对,如有不符或疏漏,请在48小时内通知保险人并办理变更或补充手续;超过48小时未通知的,视为投保人无异议;③ 请详细阅读承保险种对应的保险条款、特别是责任免除、投保人被保险人义务、赔偿处理和附则;……"。第三,商业第三者责任保险条款中责任免除部分和投保人、被保险人义务部分字体均用黑体字予以加黑。第四,商业第三者责任保险条款第六条第(五)项约定:因车辆驾驶人酒后驾驶、无合法有效驾驶证驾驶,或者驾驶无合法有效行驶证的机动车,导致第三人伤害的,保险人不负赔偿责任。

后投保人B运输公司向被告A保险公司申请理赔,被告A保险公司以投保车辆驾驶人系醉酒驾驶机动车发生事故为由拒赔,无奈,伤者马某向法院提起诉讼,主张人身损害赔偿。

【裁判结果】

一审判决:① 被告A保险公司在交强险范围内赔偿原告151 938.09元。② 从原告马某的总损失359 770.55元中扣除交强险赔偿的151 938.09元,余款207 832.46元由被告A保险公司在商业三者险范围内赔偿70%即145 482.72元。

A保险公司不服一审判决提起上诉,二审判决:① 撤销一审判决;② A 保险公司于本判决生效后 15 日内在交强险范围内赔偿马某损失 151 938.09 元;③ 王某于本判决生效后 15 日内赔偿马某损失 145 482.72 元,B 运输有限公司负连带赔偿责任。

【裁判要旨】

根据《最高人民法院关于适用〈中华人民共和国保险法〉若干问题的解释(二)》第十条"保险人将法律、行政法规中的禁止性规定情形作为保险合同免责条款的免责事由,保险人对该条款作出提示后,投保人、被保险人或者受益人以保险人未履行明确说明义务为由主张该条款不生效的,人民法院不予支持"。该解释第十一条"保险合同订立时,保险人在投保单或者保险单等其他保险凭证上,对保险合同中免除保险人责任的条款,以足以引起投保人注意的文字、字体、符号或者其他明显标志作出提示的,人民法院应当认定其履行了保险法第十七条第二款规定的提示义务。保险人对保险合同中有关免除保险人责任条款的概念、内容及其法律后果以书面或者口头形式向投保人作出常人能够理解的解释说明的,人民法院应当认定保险人履行了保险法第十七条第二款规定的明确说明义务"。该解释第十三条第二款"投保人对保险人履行了符合本解释第十一条第二款要求的明确说明义务在相关文书上签字、盖章或者以其他形式予以确认的,应当认定保险人履行了该项义务"。根据上述法律规定,王某在交通事故中醉酒驾驶的行为属于法律、行政法规禁止的行为,A 保险公司将该行为作为保险合同免责条款的免责事由,A 保险公司对此履行提示义务即可。本案中,投保人在投保单上声明,保险人对免除保险人责任的条款向本人做了明确说明,本人已充分理解并接受上述内容,投保人 B 运输公司在投保单投保人签章处加盖了公章,确认了 A 保险公司提供的保险条款,说明投保人 B 运输公司对该保险条款已经充分理解,结合保险单中对免责条款作的明确提示以及保险条款免责部分用黑体字的提示,可以相互印证A保险公司作为保险人履行了提示义务,且醉酒驾驶本身含义明确,并非保险专业术语,应为机动车驾驶人员常识性内容,投保人通过阅读免责条款即可理解。综上,王某在该起交通事故中醉酒驾驶,符合双方约定的责任免除事项,其应赔偿马某损失。A保险公司称不在商业三险范围内赔偿马某损失,符合保险合同约定,法院予以支持。

【裁判评析】

案涉交通事故是否属于保险合同免赔范围,A保险公司应否在商业第三者责任险中承担赔偿责任是本案的主要争议焦点。

《保险法》实施20多年来,历经了4次修改以及最高人民法院4次发布《保险法》司法解释。保险公司的免责条款是保单设计的关键环节之一,也是司法实践中的争议焦点之一。

《道路交通安全法》虽规定不得醉酒驾驶、无证驾驶车辆等,但并不意味着醉酒驾驶、无证驾驶车辆发生事故后保险公司一律不予理赔,保险公司是否要理赔还要依据保险条款具体约定及保险公司是否对免责事由尽到提示说明义务加以判定。那么如何认定保险人对免责条款尽到了"提示说明"义务呢,保险人对此该如何举证?这是司法实践中的难点。《最高人民法院关于适用〈中华人民共和国保险法〉若干问题的解释(二)》第十一条规定,格式条款使用人提示说明的方式包括使用足以引起投保人注意的文字、字体、符号或者其他明显标志作出。另外,在司法实务中保险人普遍的做法是使用"投保人声明",要求投保人书写"保险人已将保险条款的内容,特别是免除保险人责任的条款,向我作了明确说明。我已经对该保险条款的内容充分了解,同意按该保险条款与保险人订立保险合同",并签字盖章。

如此一旦发生合同纠纷,则将投保人签字盖章的声明作为履行明确说明义务的证据。

《最高人民法院关于适用〈中华人民共和国保险法〉若干问题的解释(二)》第十一条在总结司法实践的基础上,对上述做法有条件地进行认可,投保人对保险人履行的符合本解释第十一条第二款要求的明确说明义务的材料上签字或盖章确认的,应当认定保险人履行了该项义务,但另有证据证明保险人未履行明确说明义务的除外。对此,笔者通过搜索中国裁判文书网的案例,各地各级法院的态度也不尽相同,大多数法院予以认可,但也有部分法院认为仅此证据不足以证明保险人履行了免责条款的明确说明义务,在投保人抗辩未收到保险条款、不知晓条款内容等情况时,进一步要求保险人提供证据,否则就会判定保险人并未履行提示说明义务。

结合笔者近几年处理的机动车交通事故责任纠纷案件和财产保险合同纠纷案件所涉及的免责情况,以及查询中国裁判文书网公布的相关案件,在包括醉酒和无证驾驶情形下的免责、实习期内驾驶牵引车免责等情形中,尽管保险人在商业三者险和车损险等责任险范围内均设置了相应的免责条款,但一旦涉诉,要么因为"投保人声明"处的签字并非投保人本人所签、要么没有提示说明的证据材料、要么部分法院以投保人不知晓条款内容及没有收到条款为由认定"投保人声明"不足以证明保险人已履行了提示说明义务,保险人在该类案件中被认定为"未履行提示说明义务",基本都以败诉收场。

近些年来,互联网保险业务已成为保险公司拓展业务的重要方式,体现了互联网金融在保险业领域的发展,互联网保险具有时间成本低、操作流程简便等特点。对于电子保单中的免责条款,传统的书面或口头解释不再是认定保险人已经履行明确说明义务的唯一标准。在互联网保险的销售过程中,在投保网页主动弹出类似"保险条款的内容供投保人阅读,本公司已对条款内容履行了说明义务,并对责任免除条款进行了明确说明，本人同意接受并遵守上述内容"，以及网页所载的责任免除条款经过特别标识，如采用特殊字体、加粗加黑等特别标识对免除保险人责任条款进行提示，则应认定保险公司在网络销售中尽到了提示及明确说明的义务，此免责条款有效。主要的法律依据是《最高人民法院关于适用〈中华人民共和国保险法〉若干问题的解释（二）》第十二条"通过网络、电话等方式订立的保险合同，保险人以网页、音频、视频等形式对免除保险人责任条款予以提示和明确说明的，人民法院可以认定其履行了提示和明确说明义务"。显然，随着互联网保险的推广，保险人对于免责条款的提示和明确说明义务的举证越来越容易，自然面临的败诉和赔偿的风险也随之降低。

本案中，根据《最高人民法院关于适用〈中华人民共和国保险法〉若干问题的解释（二）》第十条"保险人将法律、行政法规中的禁止性规定情形作为保险合同免责条款的免责事由，保险人对该条款作出提示后，投保人、被保险人或者受益人以保险人未履行明确说明义务为由主张该条款不生效的，人民法院不予支持"之规定，被告 A 保险公司在保险合同中将该责任免除条款用加黑加粗字体进行提示，应当认定为对责任免除事由尽到了提示、告知的义务。且醉酒驾驶属于免赔范围，该行为本身就违反了国家道路交通行为的禁止性规定，醉酒驾驶会危及自身及他人生命财产安全，法院支持了 A 保险公司辩称的醉驾发生事故造成损害，商业三者险免赔的抗辩理由，是值得肯定的。

【类案裁判】

1. 河南省周口市中级人民法院（2022）豫 16 民终 6016 号民事判决书

裁判要旨：《最高人民法院关于〈中华人民共和国保险法〉若干

问题的解释(二)》第十条规定,保险人将法律、行政法规中的禁止性规定情形作为保险合同免责条款的免责事由,保险人对该条款作出提示后,投保人、被保险人或者受益人以保险人未履行明确说明义务为由主张该条款不生效的,人民法院不予支持。因此法律并未明确规定,饮酒驾车发生交通事故,保险公司在商业险内就不负赔偿责任。虽然饮酒属于法律禁止性规定,但保险人将法律、行政法规中的禁止性规定的情形作为保险合同免责条款的免责事由的,并未免除保险人对该免责条款的提示义务。该解释第十一条第一款规定,保险合同订立时,保险人在投保单或者保险单等其他保险凭证上,对保险合同中免除保险人责任的条款,以足以引起投保人注意的文字、字体、符号或者其他明显标志作出提示的,人民法院应当认定其履行了《保险法》第十七条第二款规定的提示义务。本案中,上诉人提交的投保声明内容系打印格式条款,提供的投保单内容除有投保人"冯某"电子签名外,投保人冯某并未在投保单中书写"经保险人明确说明,本人已了解责任免除条款的内容"。上诉人某财产保险股份有限公司周口市中心支公司所提供的证据并不能证明已履行了符合通知要求的提示义务,其仍应在机动车损失险限额内承担赔偿责任。

2. 甘肃省金塔县人民法院(2019)甘0921民初341号民事判决书

裁判要旨:保险公司已经在投保时对免责条款通过加粗加黑字样及后续的电话回访进行了告知,应当认定为尽到了告知义务。投保人明知饮酒,仍驾车上路行驶,该违法行为导致的交通事故属于免责条款的范围,保险公司主张以免责条款免除保险人的赔付责任应予支持。通过该案的法院判决,驳回赵金英的诉求,提高了违法者的违法成本,体现了法律保护合法利益,拒绝非法利益,彰显法院判决的社会价值引领作用。

【法条索引】

《民法典》第四百九十六条;《保险法》第十七条;《最高人民法院关于适用〈中华人民共和国保险法〉若干问题的解释(二)》第十条、第十一条、第十二条、第十三条。

案例 22

宁夏某鑫公司诉某华化工公司确认票据效力纠纷案[①]

——票据金额做过更改：票据无效还是票据变造

【案情简介】

2013年7月26日，某鑫公司与某华化工公司签订了《电石战略采购标准合同》，合同约定：付款方式及条件为由卖方开具增值税专用发票，买方验收挂账后，以银行承兑汇票或银行转账结算。某华化工公司背书给某鑫公司一张票号为313000513××××的银行承兑汇票支付某鑫公司货款，该银行承兑汇票出票人为海南某铭实业有限公司，出票日期为2013年11月19日，出票金额为240万元，收款人为海南某建材有限公司，汇票到期日为2014年5月19日，付款行为广东南粤银行深圳分行营业部。某鑫公司收到该银行承兑汇票后到工商宁夏分行办理业务，被该行以该银行承兑汇票系变造票据为由收缴，并于2014年1月6日出具了假币收缴凭证。另查明：诉争票据原票面记载金额为2 400元，变造后票面金额为240万元。该票据被银行收缴后，某鑫公司告知了某华化工公司。某华化工公司向某鑫公司出具了回复函，称已告知自己的上手东莞某公司，东莞市当

[①] 案例来源：河南省焦作市山阳区人民法院（2014）山民一初字第00271号判决书；焦作市中级人民法院（2015）焦民三终字第00005号民事判决书；河南省高级人民法院（2016）豫民再第22号民事判决书。

地公安机关已立案侦查,案件正在侦破中。

原告某鑫公司认为,银行承兑汇票上的出票金额为不可更改项目,被告某华化工公司向其交付的票据在更改后成为变造票据,应当属于无效票据。故,诉请至法院请求确认某华化工公司背书给某鑫公司的票号为313000513××××银行承兑汇票无效。

被告某华化工公司辩称:案涉票据并非发生了票面金额的更改,而是对票面金额进行了变造,变造的票据并非无效,应驳回原告某鑫公司诉讼请求。

【裁判结果】

一审法院判决驳回原告某鑫公司的诉讼请求,二审法院判决撤销一审民事判决,并确认票号为313000513××××的银行承兑汇票无效。

再审法院认为二审认定事实清楚,但适用法律错误,撤销一审判决结果不当,再审予以纠正。一审实体处理正确,应予维持。故,判决撤销二审民事判决,维持一审民事判决。

【裁判要旨】

双方当事人对诉争票据系变造的票据以及因此被银行收缴的事实均不持异议,予以确认。某鑫公司要求确认诉争票据无效,某华化工公司抗辩称诉争票据有效,适用的法条均为《中华人民共和国票据法》(以下简称《票据法》)第八条、第九条、第十四条的规定,双方当事人对《票据法》条文的理解不同,此为本案双方当事人的真正争议所在。

根据《票据法》第九条规定:"票据上的记载事项必须符合本法的规定。票据金额、日期、收款人名称不得更改,更改的票据无效。对票据上的其他记载事项,原记载人可以更改,更改时应当由原记载人签章证明。"第十四条规定:"票据上的记载事项应当真实,不得伪造、变造。伪造、变造票据上的签章和其他记载事项的,应当承担法律责任。票据上有伪造、变造的签章的,不影响票据上其他真实签章的效力。票据上其他记载事项被变造的,在变造之前签章的人,对原记载事项负责;在变造之后签章的人,对变造之后的记载事项负责;不能辨别是在票据被变造之前或者之后签章的,视同在变造之前签章。"《票据法》第九条规定的"更改",是指原记载人所作出,对票据的一般事项所作的有权更改,只要签章证明即可,但票据的金额、日期、收款人名称仍属不得更改,否则票据无效。而《票据法》第十四条规定"变造",指的是原记载人以外主体所作出的无权的、非法的行为。其效力是,票据上有变造的签章的,不影响票据其他真实签章的效力。变造票据签章以外的其他记载事项(包括金额、日期、收款人名称),并不影响票据的效力,法律只是规定不同签章主体承担的票据责任有所区别,在变造之前签章的主体对于变造事项并不承担责任,仅对变造之前的事项承担责任。

根据原审查明的事实,双方当事人对涉案汇票系变造票据这一事实并无异议,并且结合工商银行宁夏分行以涉案汇票系变造票据为由,向贴现申请人某鑫公司出具了"假票收缴凭证",进一步印证了变造的事实。目前,没有证据证明涉案票据存在原记载人也就是出票人海南某铭实业有限公司更改票据的"金额、日期、收款人名称",故二审适用《票据法》第九条规定,确认涉案汇票为无效票据没有事实根据。本案中亦没有证据证明涉案票据金额的变造系某华化工公司的行为,在某华化工公司为履行其与某鑫公司签订的《电石战略采购标准合同》中的付款义务时,背书转让涉案汇票给某鑫公司,其签章具有真实性,根据《票据法》第十四条的规定,某华化工公司应当对其签章时的票据金额240万元承担票据责任。如果确认涉案汇票无效,将会导致票据自始无效,那么票据变造之前签章的人也将不承担变造之前的票据责任,这将破坏票据的流通性,并影响后手向前手行使票据追索权。因此,某鑫公司请求确认涉案汇票无效无事实和法律依据。另外,涉案汇票被工商银行宁夏分行收缴事实亦不是确认票据无效的法定理由。某鑫公司在不能实现付款请求权的情形下,可以向其前手行使票据追索权。即使票据追索权不能实现,也可以依据其与某华化工公司的基础法律关系行使债权请求权来实现其权利的保护。基于票据无效的法定性,二审以票据收缴为由确认涉案汇票无效没有法律依据。某华化工公司再审请求成立,再审予以支持。

【裁判评析】

本案系典型的票据纠纷。关于本案主要的争议焦点有两个:① 涉案票据是票据的变造还是票据的更改,是否为有效票据?② 原告是否有权直接依据买卖合同关系向被告主张履行付款义务。针对上述两个主要争议焦点,笔者将一一进行分析。

一、关于第一个争议焦点:涉案票据是票据的变造还是票据的更改

一种观点认为:诉争票据系票据变造,为有效票据,理由如下。

(1)现实中票据变造的事项往往是票据金额、出票日期、收款人名称这三项,如果说《票据法》第九条第二款否定一切金额更改的票据的效力的话,则《票据法》第十四条第三款将几无适用之地,这有违《票据法》第十四条第三款的立法初衷。

(2)票据流通贵在安全,《票据法》第九条第二款规定"更改的票据无效",其立法意图就在于维护票据交易之安全,阻止"票据金额、日期、收款人名称"经更改的票据继续流通。但这样的立法意图只有在属于明显显示痕迹的更改时才能实现；将明显显示更改痕迹的票据规定为无效票据,可以提高受票人的警觉,受票人在收到此类票据时会拒绝接收,阻止这类票据再次流通、防止票据诈骗发生的立法目的就得以实现。

(3)从法理上来说,对于明显显示更改痕迹的票据,如果交易当事人仍然收受,则其对票据金额的更改未尽到适当的注意,是恶意持票人,法律不应保护;反之,当票据金额等事项的更改痕迹不是特别明显时,尽管持票人尽到了相当的注意,仍不可能发现票据金额经过变更,此时若仍认定票据无效,则不仅不能保护无过失持票人的利益,也不能实现阻止这类票据继续流通的立法目的。

更改票据金额主要是指出票人在出票时候,不小心写错了金额的,必须重新出票,不得在原票据上更改,否则该票据就无效。

变造票据金额是其他人(后手们或第三人)将金额变大,意图诈骗更多付款的违法行为,但是变造不影响票据效力,可以追索,在变造之前之后签章的人,分别按照记载负责。

综上所述,《票据法》第九条第二款规定的票据无效应仅仅适用于明显显示更改痕迹的票据。本案中,由于所涉票据从表面上看不出票据金额更改过,因此不属于明显显示更改痕迹的票据,不应适用《票据法》第九条,而应适用《票据法》第十四条第三款,认定出票人海南某铭实业有限公司的行为构成票据变造,而非票据更改,属有效票据。

另一种观点认为：诉争票据系票据的更改,为无效票据,理由如下：

(1)票据变造是指依法没有更改权的人,在有效的票据上,变更票据上除签章以外的其他记载事项,从而使得票据上的权利义务内容发生变更的行为。票据的变造的构成要件有：必须是无权变更票据上记载事项的人所为的变更行为;必须是变更了票据上的记载事项,使得票据的权利义务的内容发生了变化的行为。

(2)《票据法》第九条规定的是票据上的记载事项。由于票据是文义性的有价证券,严格按照票据上的记载进行流通,所以票据上的记载内容就具有十分重要的意义,在记载时应该符合法律的规定。同时对于有些记载事项法律规定是不能够进行更改的,该条限定为票据金额、日期、收款人名称,否则将导致票据的无效。

(3)《票据法》第十四条规定:"票据上的记载事项应当真实,不得伪造、变造。伪造、变造票据上的签章和其他记载事项的,应当承担法律责任。……票据上其他记载事项被变造的,在变造之前签章的人,对原记载事项负责;在变造之后签章的人,对变造之后的记载事项负责;不能辨别是在票据被变造之前或者之后签章的,视同在变造之前签章。"该条很明确地规定,在"其他记载事项"被变造时,才会出现究竟是变造之前签章和变造之后签章的问题,而"其他记载事项"应当是除"票据金额、日期、收款人名称"之外的事项,因此,涉案票据属于票据的更改,对票据金额的更改会导致票据无效。

笔者赞同第一种观点,认为诉争票据系票据变造,为有效票据。

二、关于第二个争议焦点:原告是否有权直接依据买卖合同关系向被告主张履行付款义务

持票人基于票据行为而持有票据、享有票据债权,有权要求票据债务人给付票据金额款项。票据行为的发生是基于原因关系,当票据行为的发生是为了清偿原因关系上的债务时,则此时在债权人和债务人之间就出现了双重债权:票据债权与原因债权。此时需要考虑的问题即是,权利人行使两项权利是否存在先后顺序。

这一问题通常而言并不构成疑问,一般情况下债权人应先行使票据债权,因为票据本身就是一种支付工具和结算工具,若舍弃票据不用就不能发挥票据的功能。而真正存在异议的问题在于,当票据被拒绝付款或被拒绝承兑时,此时在票据追索权和原因债权之间是

否应存在权利行使顺序。对这一问题现行法律未作规定,审判实践中也存在争议观点。

肯定观点认为,基础债权债务关系并不因债权人取得票据而当然消灭,在票据未获兑付的情况下,债权人即未实际收取货款;并无法律规定债权人在票据付款请求权无法实现时只能依据票据法上的追索权维护自身合法利益,债权人有权自行选择行使何种债权。

否定观点认为,此时债权人仅得主张票据追索权。主要理由在于,票据是一种货币证券,具有汇兑、支付功能,最基本的作用就是作为支付手段替代现金进行支付。债权人通过有效背书转让的方式取得票据后,就已取得合同项下的款项利益,原因债权债务关系即归于消灭;若债权人取得票据后仍得依据原因关系主张债权,则即便此时票据未获兑付,债权人仍然形成对基础债权和票据的双重占有。

笔者认同肯定说观点,即:票据债权与原因债权竞合时追索权人享有选择权。对此予以论证如下:第一,债权人合法获得票据后原因关系并不因此消灭。从票据性质来看,票据是一种支付工具和结算工具。因此,债权人通过背书或发票方式取得票据后仅是拥有一项付款请求权,并不等同于已经获得相应款项或已经实现债权,亦不能将取得票据等同于取得货币,更不能因此即认定原因关系就此消灭。第二,允许自行选择行使权利才能合理保护债权人。对于债权人而言,其在票据无法兑付的情况下可以依据《票据法》行使票据追索权,但票据追索权同原因债权之间在权利行使方法和效果上均不相同。票据追索权时效较短,而原因债权时效较长;票据追索权行使时需要履行相应的保全手续,要求付款人提供拒绝承兑或拒绝付款的证明,否则将导致追索权消灭,相比较而言在行使原因债权时债权人对于双方基础法律关系凭证易于提供,也无须承担额外的责任;举证责任上在行使追索权时若一定要求债权人仅能选择票据追索权则对于债权人而言过分苛责。第三,债权人自由选择行使权利符合请求权竞合的处理规则。我国《票据法》及相关法律规范并未规定在原因债权和票据债权并存时必须行使票据追索权,然而《民法典》第一百八十六条规定,在请求权发生竞合时受损害一方有权选择行使任一种权利主张,这一规则无论是在理论界还是实务中均已获得普遍认可。票据行为本质上也是一种法律行为,在没有法律特别规定的情况下,亦应当允许债权人根据自身利益选择行使票据债权或原因债权。

重新回到本案,笔者认为,原告有权依据买卖合同关系向被告主张履行付款义务,理由如下。

第一,票据是一种完全有价证券,即票据权利的存在、行使和转移都与票据分不开。作成票据,票据权利始得发生;持有票据是行使票据权利的前提。简言之,票据是票据上权利的唯一象征和代表,无票据即无票据权利。根据《票据法》第四条第二款规定"持票人行使票据权利,应当按照法定程序在票据上签章,并出示票据",根据《票据法》第五十五条规定"持票人获得付款的,应当在汇票上签收,并将汇票交给付款人"。

本案中,原告最后持有的票据被银行"收缴"后,原告既无法出示该票据,更不可能将票据交付给付款人,随着票据被"收缴"事实的发生,涉案票据也就不能再继续在市场上流通,原告即丧失了票据权利(付款请求权和追索权)。原告虽然丧失了票据权利,但并不意味着其丧失了民事债权请求权,原、被告之间仍存在买卖合同关系,原告一方面履行了基础买卖合同关系中的给付货物义务,另一方面又没有取得应当取得的电石货款。被告背书转让承兑汇票只是履行债务的一种方式,并不代表债务已经清偿。原告有权依据基础买卖合同关系主张债权请求权,要求被告履行付款义务。

第二,即使原告享有并可以行使票据权利的情况下,原告也有权按照基础买卖合同关系向被告主张债权请求权。因为在法无明文规定的情况下,发生权利竞合的情形时,当事人有权从有利于自身利益实现的角度选择行使的权利。被告在庭审中抗辩要求原告应先行使票据债权是缺乏法律依据和法理依据的。

第三,至于被告辩称,若允许债权人行使原因债权,则会发生债权人占有原因债权和票据债权双重利益的情形,但此种情形实际上并不足以构成障碍。为防止持票人通过同时行使这两种债权获得双重的利益,一般法院可采取两种措施:其一,法官释明债务人履行付款义务后可要求持票人返还票据;其二,法院责令持票人提交票据原件附卷。在本案中,原告持有的票据已被收缴,不可能获得双重利益,原告在合同债权请求权得到满足后,票据债权即归于消灭。

第四,河南省高院(2016)豫民再 22 号判决书第 8 页也明确认定"即使原告票据追索权不能实现,也可以依据其与某华化工公司的基础法律关系行使债权请求权来实现其权利的保护"。因此,原告按照基础买卖合同关系要求被告支付货款的诉讼请求,于法有据,应予支持。

综上,根据《民法典》第五百七十七条和第五百七十九条之规定,原告有权依据买卖合同关系向被告主张履行付款义务。

【类案裁判】

1. 新疆维吾尔自治区(2014)新审一民提字第 41 号再审民事判决书

裁判要旨:《票据法》第九条规定:"票据上的记载事项必须符合本法的规定。票据金额、日期、收款人名称不得更改,更改的票据无效。对票据上的其他记载事项,原记载人可以更改,更改时应当由原记载人签章证明。"本案中,程某将支票"伍"涂改为"陆"属于无票据记载事项变更权限的人对票据上记载事项加以变更,从而使票据法律关系的内容发生改变,根据更改与变造的区别:是否对票据记载事项有变更权限,有变更权限则为更改,无变更权限则为变造。程某有行为应定性为对票据的变造而非更改。

2. 上海市第一中级人民法院(2021)沪01民终6453号民事判决书

裁判要旨:在票据未获兑付时,债权人并非仅能行使票据追索权,其有权自由选择行使票据债权或是原因债权,债权人有权基于基础债权债务关系向债务人主张相应付款义务。本案中,微电子公司虽在电子商业汇票系统中曾发起非拒付追索,但未通过点击签收确认系争汇票而完成追索流程,由此说明微电子公司最终并未选择行使票据追索权。现微电子公司选择买卖合同法律关系的债权请求权向光电公司主张该20万元货款,于法有据,应予支持。当然,微电子公司选择以买卖合同法律关系行使权利后,不得再另行选择票据关系行使权利以使其债权得到重复受偿。

【法条索引】

《民法典》第一百八十六条、第五百七十七条和第五百七十九条;《票据法》第四条第二款、第九条、第十四条、第五十五条。

案例 23

褚某诉某阳家具有限公司强制清算案[①]

——营业期限届满，公司怠于清算，
股东能否申请公司强制清算

【案情介绍】

2004年4月27日，褚某钳、褚某达、褚某明、陈某财、褚某强、庞某品、庞某盖、褚某柱、褚某强、杨某杰10人签订《出资协议书》，就出资兴建某阳家具有限公司（以下简称"某阳公司"）达成一致意见，统一以现金汇款方式按股份比例出资：褚某钳100.50万元占比16.08，褚某达100万元占比16%，褚某明100万元占比16%，陈某财66.25万元占比10.6%，褚某强33.75万元占比5.4%，庞某品100万元占比16%，庞某盖50万元占比8%，褚某柱25万元占比4%，褚某强25万元占比4%，杨某杰24.5万元占比3.92%。

2005年7月5日，某阳公司取得了营业执照，注册资本50万元，法定代表人为褚某钳，工商登记股东为褚某钳和褚某明，褚某钳持股80%，褚某明持股20%。公司章程及营业执照明确载明，该公司的营业期限于2015年7月4日届满。

2014年9月16日，某阳公司召开临时股东会，决议将股东变更

[①] 案例来源：焦作市解放区人民法院(2015)解法清(预)字第1号裁定书、(2015)解法清(预)重字第1号裁定书、(2016)豫0802民算1号之二裁定书。

为褚某钳、褚某达、褚某明、陈某财、褚某强、庞某品、庞某盖、褚某柱、褚某强、杨某杰10名股东,工商登记变更后,股东褚某钳持有公司16.08%的股权。某阳公司营业期限于2015年7月4日届满后,由于股东褚某钳与公司其他股东之间已无合作的基础,亦未通过召开股东会修改公司章程延长营业期限,某阳公司已经发生法定解散事由。后股东褚某钳多次通过电话、派人与公司其他股东联系,要求召开股东会、董事会,拟成立清算组,对公司进行清算。但其他股东置之不理,一拖再拖,既不开会,也不作出合理解释,导致公司未在法律规定的期限内成立清算组进行清算。2015年7月20日,股东褚某钳向焦作市解放区人民法院申请对某阳公司强制清算。

2016年1月29日,一审法院作出(2015)解法清(预)重字第1号民事裁定书,受理某阳公司强制清算申请。2016年3月30日,一审法院以(2016)豫0802民算1号之一决定书,指定焦作市某清算有限公司作为清算组。清算期间,2016年5月21日某阳公司召开的临时股东会,就延长公司营业期限、变更公司法定代表人等事项形成决议,但由于某阳公司营业执照和公章被股东褚某钳掌控,未能完成工商变更登记。2020年3月16日一审法院作出(2016)豫0802民算1号之二裁定书终结了焦作市某阳公司强制清算程序。

【裁判结果】

一审法院裁定不受理申请人的强制清算申请。申请人依法向中级人民法院提出上诉。二审法院认为:一审法院未组织利害关系人进行听证,程序违法,发回重审。后一审法院重审,经听证查明事实后裁定受理申请人的强制清算申请。

【裁判要旨】

被申请人公司的营业期限已经届满,根据《公司法》第一百八十条规定,"公司因下列原因解散:(一)公司章程规定的营业期限届满或者公司章程规定的其他解散事由出现……"根据《公司法》第一百八十三条之规定和《公司法司法解释(二)》第七条之规定,在公司出现解散事由后,应在15日内成立清算组,开始清算。现被申请人公司营业期限已经届满但至今尚未成立清算组自行清算,部分股东认为被申请人尚未发生解散事由的异议不成立,申请人褚某钳在债权人未提起清算申请的情况下,其作为公司股东有权向人民法院提出强制清算申请,该申请并不违反法律规定,本院对该申请予以受理。

【裁判评析】

本案系典型的公司强制清算纠纷。本案中,某阳公司系有限责任公司,因股东之间矛盾导致经营停滞,最终造成公司营业执照上载明的营业期限届满,又未召开股东会延长经营期限。公司营业期限届满系《公司法》第一百八十条规定的公司解散的法定事由之一。按照《公司法》第一百八十三条规定,公司应当在解散事由出现之日起15日内成立由股东组成的清算组,开始清算。但由于其他股东对小股东进行清算的提议置之不理,并拒绝提供有关公司的账册、资料等公司清算所必需的文件资料,导致清算无法进行,而公司债权人又没有向人民法院提出强制清算的申请。在此情况下,小股东褚某钳以公司股东的身份向人民法院提出强制清算申请,符合《公司法司法解释(二)》第七条第三款之规定。法院经审查依法受理并指定清算组进行清算,值得肯定,彰显了强制清算制度保护守法股东利益的价值取向,使得在公司中受欺压、排挤的小股东真正地退出公司,实现自己应得的股东利益。

关于本案主要的争议焦点有四个:本案是否发生解散事由,是否应进入强制清算程序?本案是否应先提起解散之诉再提起强制清算之诉?在强制清算期间,所谓的"股东会"作出的公司继续存续决议是否有效?法院是否应终结强制清算程序?

一、关于本案是否发生解散事由,是否应进入强制清算程序的问题

一种观点认为:某阳公司成立于 2005 年 7 月 5 日,公司章程及营业执照明确载明,该公司的营业期限于 2015 年 7 月 4 日届满。根据《公司法》第一百八十条规定,"公司因下列原因解散:(一)公司章程规定的营业期限届满或者公司章程规定的其他解散事由出现……",被申请人公司已经发生法定解散事由,申请人股东褚某钳与被申请人公司其他股东之间已无合作的基础,亦未通过召开股东会修改公司章程延长营业期限,且未在法定期限内成立清算组进行自行清算,根据《公司法》第一百八十三条之规定和《公司法司法解释(二)》第七条之规定,在公司出现解散事由后,未及时在 15 日内组织清算的,公司股东有权申请人民法院指定清算组对公司进行强制清算,并在清算后有剩余财产的情况下分配剩余财产。因此,法院受理该强制清算案件是有充分法律依据的。

另一种观点认为:合法盈利的公司不能轻易判决解散。理由是:第一,《公司法》第一百八十条明文规定了五项公司解散的原因,其核心就是依出资人的意思或客观情事公司不宜或不应继续存在,才准予解散;健康向上发展的合法经营的公司应尽可能地不予解散。在《公司法》中有"可以通过修改公司章程而存续"的规定,另《公司法司法解释(二)》第五条规定:"人民法院审理解散公司诉讼案件,应当

注重调解。当事人协商同意由公司或者股东收购股份,或者以减资等方式使公司存续,且不违反法律、行政法规强制性规定的,人民法院应予支持。当事人不能协商一致使公司存续的,人民法院应当及时判决。"这些法律规定更加印证了健康向上发展的合法经营的公司应尽可能地不予解散的价值取向。第二,既某阳公司经营状况良好,对外未负债,未损害债权人的权益,无债权人请求清算公司,公司无不法经营行为且公司的绝大多数股东有公司继续经营的意思表示和具体行动,那么应积极调解。《公司法》第一百八十条第一款以及《公司法司法解释(二)》第五条的规定及其精神,应尽量贯彻公司维持原则,在诉讼过程中,主审法院应引导当事人遵循该原则,查清股东是否愿意解散的真意,即使章程规定的营业期限届满一时未达成继续经营的决议,这样的公司也并非是僵尸企业,因此不宜强行清算解散健康向上发展的合法经营的公司。

二、关于本案是否应先提起解散之诉再提起强制清算之诉的问题

根据《公司法》的规定,公司解散事由有五种:约定解散、决议解散、合并分立解散、行政解散、司法解散。公司僵局形成才有可能导致适格股东诉请人民法院解散公司。《公司法》第一百八十二条规定:"公司经营管理发生严重困难,继续存续会使股东利益受到重大损失,通过其他途径不能解决的,持有公司全部股东表决权百分之十以上的股东,可以请求人民法院解散公司。"据此,法院审理公司解散案件必须严格审查被诉公司是否同时具备以下四个要件,缺一不可:第一,公司经营管理发生严重困难。这种困难主要体现在公司权力运行发生困难和公司的业务经营管理活动发生困难。第二,继续存续会使股东利益受到重大损失。申请解散公司的股东必须举证证明公司的继续存续会使股东利益造成重大损失。比如,股东分红大量减少,公司财产被少数股东控制并滥用,财务状况不明,严重危及公

司存续,等等。第三,通过其他途径不能解决的。立法意旨是希望公司通过公司自治、股东自治等方式解决股东之间的僵局。"通过其他途径不能解决"是股东请求解散公司的必要前置性条件,只有在穷尽一切可能的救济手段仍不能化解公司僵局时,才赋予股东通过司法程序强制解散公司的权利。此处的"其他途径"主要指自力救济、行政管理、仲裁等司法外手段。第四,持有公司全部股东表决权百分之十以上的股东向人民法院提出解散公司的诉讼请求。就本案而言,股东褚某钳依据的约定解散事由,即《公司法》第一百八十条第一款规定"公司章程规定的营业期限届满而解散",公司经营期限并不纳入公司司法解散事由范围之内,故不适格提起公司司法解散之诉。

公司章程规定的经营期限届满后股东就公司存续无法达成一致的,应依章程而为,即视为公司已经解散,此时存续只有公司解散后的清算问题。如要求股东再提起诉请解散公司,则属于对公司的重复解散,当事人也缺乏相应的诉权。既然公司解散已成为事实,无须通过裁判再行确认解散。

三、关于在强制清算期间,所谓的"股东会"作出的公司继续存续决议的法律效力问题

在强制清算过程中,陈某财、褚某强等股东非法召开了"2016年临时股东会",作出公司继续存续的决议是无效的,明显违反《公司法》,明显是以股东意思自治为由公然对抗司法权。其法理依据如下。

(1) 在公司营业期限届满前,公司股东们完全可以决定公司是继续存续还是进入自行清算程序,原则上这是公司自治的事情。但在本案中,公司营业期限届满后,股东既没有召开股东会延长经营期限,更没有自行清算,于是申请人股东褚某钳才依法提起强制清算申请,法院也依法受理了强制清算申请,这说明司法权已经谨慎介入,股东"意思自治"已到了边界,一旦司法权介入,这种股东自治就必然

受到限制,原则上该强制清算程序是不可逆的。因此,其他股东自行召开所谓的"股东会"作出公司继续存续的决议是无效的。

(2)根据《公司法》第一百八十四条《最高人民法院印发〈关于审理公司强制清算案件工作座谈会纪要〉的通知》(以下简称《清算纪要》)第二十六条规定,在强制清算期间,法院指定的清算组实质上已经取代了公司股东会的法律地位。因此,股东们再自行召开会议、形成决议没有法律依据。

(3)现行《公司法》《公司法司法解释》和《清算纪要》均没有规定,赋予股东在强制清算期间可以自行召开"股东会"来终结强制清算程序的权利。

(4)针对被申请人股东辩称,根据《清算纪要》第三十七条规定,在强制清算期间,股东会作出的公司继续存续决议是有效的,这明显是对法律的片面理解和严重曲解。理由如下:

《清算纪要》第三十七条规定:"公司因公司章程规定的营业期限届满或者公司章程规定的其他解散事由出现,或者股东会、股东大会决议自愿解散的,人民法院受理债权人提出的强制清算申请后,对股东进行剩余财产分配前,公司修改章程、或者股东会、股东大会决议公司继续存续,申请人在其个人债权及他人债权均得到全额清偿后,未撤回申请的,人民法院可以根据被申请人的请求裁定终结强制清算程序,强制清算程序终结后,公司可以继续存续。"显然,该条是有适用前提条件的,即强制清算申请是由债权人提起的,且申请人的个人债权和他人债权均得到全额清偿,而本案则是由股东褚某钳提起的,且申请人股东的权利并没有得到应有的保护和实现,故本案不适用该条规定情形。

四、关于是否应终结强制清算程序问题

《清算纪要》第二十八条规定:"对于被申请人主要财产、账册、重要文件等灭失,或者被申请人人员下落不明的强制清算案件,经向被申请人的股东、董事等直接责任人员释明或采取罚款等民事制裁措施后,仍然无法清算或者无法全面清算,对于尚有部分财产,且依据现有账册、重要文件等,可以进行部分清偿的,应当参照企业破产法的规定,对现有财产进行公平清偿后,以无法全面清算为由终结强制清算程序;对于没有任何财产、账册、重要文件,被申请人人员下落不明的,应当以无法清算为由终结强制清算程序。"适用本条法律规定的前提条件为"对于被申请人主要财产、账册、重要文件等灭失,或者被申请人人员下落不明的强制清算案件",而本案中,并不存在被申请人主要财产、账册、重要文件等灭失或者被申请人人员下落不明的情形,而是由于股东陈某财拒不交接公司资产,拒不交出财务账册的行为,一审法院以《清算纪要》第二十八条规定作出(2016)豫0802民算1号之二裁定书终结某阳公司强制清算程序明显适用法律错误,是对本条法律规定的错误解读。

  根据《清算纪要》第三十九条"鉴于公司强制清算与破产清算在具体程序操作上的相似性,就《公司法》《公司法解释(二)》以及本会议纪要未予涉及的情形,如清算中公司的有关人员未依法妥善保管其占有和管理的财产、印章和账簿、文书资料,清算组未及时接管清算中公司的财产、印章和账簿、文书,清算中公司拒不向人民法院提交或者提交不真实的财产状况说明、债务清册、债权清册、有关财务会计报告以及职工工资的支付情况和社会保险费用的缴纳情况,清算中公司拒不向清算组移交财产、印章和账簿、文书等资料,或者伪造、销毁有关财产证据材料而使财产状况不明,股东未缴足出资、抽逃出资,以及公司董事、监事、高级管理人员非法侵占公司财产等,可参照企业破产法及其司法解释的有关规定处理"、《企业破产法》第一百二十七条"债务人违反本法规定,拒不向人民法院提交或者提交不真实的财产状况说明、债务清册、债权清册、有关财务会计报告以及职工工资的支付情况和社会保险费用的缴纳情况的,人民法院可以对直接责任人员依法处以罚款。债务人违反本法规定,拒不向管理人移交财产、印章和账簿、文书等资料的,或者伪造、销毁有关财产证据材料而使财产状况不明的,人民法院可以对直接责任人员依法处以罚款"。针对陈某财拒不交接公司资产,拒不交出财务账册的行为,人民法院可以对直接责任人员依法处以罚款、拘留等民事制裁措施,而且人民法院采取强制措施的目的是通过追究有关责任人的责任,令其依法向人民法院提交有关材料,防止因人为的原因造成无法清算的局面,以保障整个清算程序的顺利进行,而不能以此为由终结清算程序。

因此,一审法院作出(2016)豫0802民算1号之二裁定书终结某阳公司强制清算程序既不符合法律规定,也不符公司法、企业破产法以及相关法律法规的立法精神。

就本案又衍生出相关法律问题,对于深入解构本案,有必要一一分析如下。

(一)关于股东申请强制清算案件的性质

公司强制清算制度在《公司法》《公司法司法解释(二)》《清算纪要》中都有涉及,但是都没有对该类案件的性质作出明确的规定,即使在相对比较详细的《清算纪要》中也没有作出确切的认定,只是在该《清算纪要》开头的立法背景中提到"非诉程序的特点",对此态度还是比较模糊。在实践中,各地法院对其性质没有统一的认定,由此也导致同样的案件出现完全不同的处理方式。笔者查阅相关资料,法院大体上有三种不同的做法。第一种,认为该类案件是普通的诉讼案件,当事人都是以起诉书方式提起公司强制清算申请,法院以一般民商事案件确立案号,双方当事人以原被告公司称呼,法院以判决书方式判决。第二种,认为是执行案件,对于这种观点,笔者查询到一个真实的案例：陕西省××中级人民法院受理某公司强制清算申请后，将该案件移交该院执行局办理。第三种，认为强制清算案件在性质上属于类似于破产清算案件的特殊程序，将该类案件以破产清算的程序进行办理。针对这三种情况，结合公司强制清算的整个程序：受理—指定清算组—监督与检查—确认公司清算方案和清算报告。由此可见，在整个程序中，公司强制清算案件大量的工作是由清算组开展并完成的，这与普通诉讼案件中主要由法院组织审理并裁判的特点有巨大差别。当然，强制清算案件更不能以执行类案件来处理，刚提到的案件最终由陕西省高级人民法院依法撤销某中级人民法院的裁定结案。综上，笔者认为强制清算案件与破产清算案件在程序有一些共同之处，也是一个特别程序，案件立案时可以以清算案件单独立案，并由专业的审判庭进行办理。综上而言，强制清算案件在性质上属于非诉案件，虽然这在相关的法律上没有明确予以规定，但最高人民法院民二庭负责人就《公司法司法解释（二）》答记者问中明确回答"公司清算案件性质上属于非诉案件"。同时，《清算纪要》中关于强制清算案件的案号管理中也体现了这一点，以"（××××）××法×清字第×号"形式作为案号，笔者认为这也是肯定非诉性质的一种体现。

（二）关于强制清算案件的申请主体

在2005年《公司法》第一百八十四条中只规定了债权人可以申请法院指定清算组，未对公司股东作出规定。直到《公司法司法解释（二）》第七条第三款规定，公司股东有权申请法院指定清算组进行清算。2009年《清算纪要》中也确认了这两类主体。笔者认为，《公司法司法解释（二）》及《清算纪要》在债权人的基础上又规定了公司股东，这是立法不断完善的体现。因为公司股东在发生公司僵局，或者中小股东受到大股东压制、挤压和欺诈时，他们为维护其利益，对于公司清算有利益诉求,不能排除他们申请公司清算的权利。而且根据近几年最高人民法院公布的生效法律裁判文书统计中发现,提起公司强制清算的主体大部分都是公司股东,债权人反而因自身利益的考虑,提起公司强制清算申请的积极性不高。针对这个统计结果,笔者不断思考出现这种情况的原因是什么。后来笔者注意到了《公司法》第一百八十三条的规定,这是一条关于股东请求解散公司诉讼,关于该类案件起诉到法院的很多,分析这些案件,大多都是股东、董事之间长期存在冲突,无法达成一致意见,双方对立甚至敌视,导致公司陷入僵局。针对这类案件,即使法院最后判决公司解散,那么解散之后呢?能否在15日内成立清算组进行清算呢?实践中是非常困难的。所以中小股东为了能分配公司剩余财产,顺利退出公司,不得不向法院提起强制清算申请。笔者认为,公司强制清算案件中这种情况占多数。笔者代理的强制清算案件也属于这种情况。股东之间因种种原因产生矛盾,慢慢激化,最后演变成敌对状态,几乎没有心平气和谈论清算公司的可能。公司在出现解散事由后还是无法清算,最后股东不得不向法院提起公司强制清算申请。除了这两个主体具有申请的权利,还有无其他主体有这个需求呢?有学者认为,应扩大申请主体的范围,比如可以包括结欠工资的公司员工、结欠社保费用的劳动部门、结欠税金的税务机关等等。笔者认为,没有这个必要,上述主体可以采用其他的救济途径解决,比如劳动仲裁、申请法院强制执行等。此外,当事人申请强制清算时与普通的诉状有所不同,应以申请书形式提交。

(三)关于股东申请强制清算案件的被申请主体

公司解散后,针对先前形成的公司僵局,必须依法进行清算,此时因急于自动进入清算程序,股东由此提起公司清算申请,则被申请主体为谁?

一种观点认为,被申请主体应为控制股东,由于公司出现解散事由后,公司实际已经不能正常运作,公司管理层实际也不存在,既不能正常地作出应对处理,也不能正常有序地执行相关强制清算的判决。因此申请公司成立清算组是不现实和不经济的,合理的做法是跳过公司,将义务直接加诸控制股东身上,直接申请其为公司进行清算。

第二种观点认为,将公司和控制股东列为被申请人,要求成立清算组。公司作为怠于履行清算义务的直接行为方,是当然的被申请主体。同时由于在公司出现解散事由陷入二次僵局后,控制股东以自身行为使得公司怠于履行清算义务,构成对小股东权益的侵害,鉴于公司和控制股东行为已违反了《公司法》关于公司成立清算组的有关法律规定,怠于履行相关义务,使得申请人可以直接请求公司和控制股东成立清算组进行清算。

第三种观点认为,股东应首先申请法院对公司进行清算,被申请主体为公司。若公司不履行的,法院可经申请人申请指定成立清算组。这种意见的法理依据是,股东履行了出资协议的有关义务,通过了公司章程,公司取得了法人资格,就意味着股东已相对地独立于公司,公司拥有了自治力。由于控制股东的原因引起公司怠于履行清算义务,但直接的义务履行主体应为公司,而与股东无涉,在资本多数决的决策机制下,控制股东违反信义义务使得小股东可申请法院对公司进行清算,以打破公司二次僵局,但控制股东该行为应由公司对该控制股东提起损害赔偿请求权的方式来维护,清算的被申请人只能为公司。但是笔者认为,在司法实践中,为了查清案件事实,法院可以依职权或者依申请追加公司其他股东作为第三人参与程序。

(四)股东能否同时提起解散公司之诉和申请强制清算程序

有观点认为,当事人可根据自身案件的情况,在申请公司解散的同时也申请强制清算。这样做一方面对于法院来说可以减少一些烦琐的诉讼程序,提高诉讼效率,另一方面也为当事人节约时间,更好地维护当事人的权益。但是,《公司法司法解释(二)》第二条明确规定,"股东提起解散公司诉讼,同时又申请人民法院对公司进行清算的,人民法院对其提出的申请不予受理"。其法理依据是:① 虽然公司解散都必然地会启动清算程序,但股东申请解散公司和申请法院强制清算公司是两种不同类型的案件,前者是一般民事诉讼案件,后者是适用特别程序的案件,这两类案件在审判程序上完全不同;② 从根本上讲,公司解散之诉尚未判决前,无法确认公司已进入解散状态,强制清算公司的前提条件并不具备;③ 公司解散在时间上是一个节点,而公司强制清算则要持续一段时间,是一个过程;④ 公司解散的原因规定在我国《公司法》第一百八十条中,而公司强制清算的原因则是公司解散后自行清算不能或出现显著障碍;⑤ 并非所有的公司解散都将导致公司强制清算,公司解散后能依法自行清算的,无须强制清算,如公司合并或者分立而解散时,由于公司的财产和债权债务关系由新公司概括承受,没有必要对公司进行清算。

所以,公司解散之诉和申请强制清算程序不能同时提起,申请人股东应当在人民法院判决解散公司后自行组织清算或者另行申请人民法院对公司进行清算。

(五)关于股东申请强制清算案件的适用条件

在股东申请强制清算程序中,公司对清算事务的自主性受到限制,使得强制清算的程序运行要求比自行清算更为复杂,工作成本也相对较大,因此,公司股东申请强制清算应当在法律明确授权的前提下才可以启动,其启动事由应当由法律明确规定。

那么什么情况下可以申请强制清算?第一,公司解散逾期不成立清算组。根据我国《公司法》第一百八十三条规定①,公司出现解散事由后,应当在15日内成立清算组,公司的清算义务人(有限责任公司的股东)逾期不成立清算组进行清算的,人民法院指定清算组进行清算。第二,虽然成立清算组但故意拖延清算。根据《公司法司法解释(二)》第七条第二款规定,申请人在"虽然成立清算组但故意拖延清算"时可以申请人民法院指定清算组进行清算。由于清算工作往往不能给投资人带来积极利益,因此,有时虽然公司成立了清算组并开始清算,但却在清算中故意拖延,不积极开展清算业务,这种情况也必将损害相关权利人的权益。基于公平正义的考虑,法律赋予利害关系人此种情况下享有申请人民法院强制清算的权利。

笔者了解到,在实际审判工作中出现大量的怠于清算情形的案件,主要包括以下几种情况:公司出现解散事由而股东会决议不清算;公司解散后不及时成立清算组及成立清算组后没有完成清算;负有清算义务的主体的作为和不作为导致清算所需的主要文件灭失,清算客观上无法进行等。可以看出"怠于清算"的几种情形都包含了清算义务主体主观上的懈怠状态,以及由此导致的一系列清算不能的客观事实。因此,笔者认为"怠于清算"才是股东申请强制清算的最根本条件。

(六) 关于股东申请强制清算案件的立案

在代理某阳公司强制清算案件过程中,笔者感触最深刻的就是立案问题,可以说这是律师代理该类案件的一个最大难题。比如在这个案件中,从代理人第一次向法院提交强制清算申请书至最后正

---

① 《公司法》第一百八十三条规定:"公司因本法第一百八十条第(一)项、第(二)项、第(四)项、第(五)项规定而解散的,应当在解散事由出现之日起十五日内成立清算组,开始清算。有限责任公司的清算组由股东组成,股份有限公司的清算组由董事或者股东大会确定的人员组成。逾期不成立清算组进行清算的,债权人可以申请人民法院指定有关人员组成清算组进行清算。人民法院应当受理该申请,并及时组织清算组进行清算。"

式立案,前后经历一审、二审、发回重审,历时半年多,单纯为立案的事情,我们往返于××基层法院和中级法院多次,从这可以看出公司强制清算案件立案的艰难。笔者总结了这其中的原因,主要有以下几点:一是由于法律没有对强制清算程序作出具体的规定,法律虽有涉及,但过于笼统且操作性不强;二是法院受理该类案件较少,没有相关的成熟判例可以参照,一旦受理,如果清算中出现争议问题较多,将导致结案困难,法官不轻易尝试;三是立案庭不独立,立案庭法官遇到新类型的案件时,总会事先征求审判庭的意见,而审判庭对于那些新型、生疏的案件非常严谨,对于新事物审慎司法程序介入。笔者认为,经过法院案件受理制度改革,变立案审查制为立案登记制,立案庭仅仅对形式要件进行核对,简单地讲,是资料上的审查,只要对申请人的主体资格、公司是否已经发生解散事由、申请人对公司是否享有债权或者股权等内容进行审查,只要相关的材料齐全,符合诉讼法规定条件的就应该予以立案。如果资料不齐全的,应责令在规定的时间内更正、补充,否则不予立案。至于实质性的审查,应该由相关的审判庭进行操作。但是实践中,律师的立案并不会这么顺利。笔者建议要做好充分的准备工作:第一,材料准备要非常充分、齐全,尽量做到万无一失;第二,除了准备齐全的材料外,同时准备好相关法律依据,让法院了解到这是当事人申请的权利,这样在法律上又做到了有理有据;第三,在思想上要有坚定的信心,绝不能因为法院的立案困难就退却,一定要有打"持久战"的心理准备;第四,如果最后法院还是不予立案,那么律师也要尽量拿到不予受理的裁定文书,这样,就可以为上诉作依据。相信如果做到了这四点并立案成功后,律师在代理这个案件中已经完成了大部分的工作。

(七)关于股东申请强制清算案件的审查

上述提到立案庭应当是一个形式审查,正式审查应当由专门的审判庭处理。下面笔者就审判庭的审查受理作一些梳理。首先是审查方式,主要分为两种:第一种采用书面审查方式,这主要针对案件事实清楚、法律关系明确、证据确实充分的情形,这并不当然是法院单方面决定的,还需要书面通知被申请人和第三人,征求他们的意见,对书面审查方式是否有异议。如没有异议,则采用书面审查。第二种采用听证会方式,根据听证会的相关规定,进行听证审查。《清算纪要》中规定这是一种常态方式。但是,笔者认为这种方式的必要性有待商榷,原则上还是应当以"书面审查为主,听证审查为辅"。听证会适用到案情复杂的案件是合理的,但是对于一般的案件书面审查即可。因为听证会程序过于复杂,且间隔时间较长,会大大延缓整个清算程序的运行,降低整个清算程序的效率,而且在实质上也缺乏必要性。《清算纪要》第十五条规定:"人民法院受理强制清算申请后,经审查发现强制清算申请不符合法律规定的,可以裁定驳回强制清算申请。"因此,即使审查不到位,那么在后面的监督和清算过程中仍有相关的救济途径,即可以裁定驳回强制清算申请。

关于审查的内容,主要有三个部分:申请人是否具备申请资格;被申请人是否已经发生解散事由;强制清算申请是否符合法律规定。审查终结后,法院审判庭作出是否受理强制清算申请的裁定。若裁定不予受理,申请人对此裁定不服,还可以提起上诉。

(八)关于股东申请强制清算案件中人民法院的职权

我国《公司法》对人民法院在清算中的职权作了笼统规定[①],法院既非清算义务人更非清算人,只是充当依法主导公司进入清算程序

[①] 如《公司法》第一百八十七条规定了清算方案的确认,第一百八十九条规定了清算报告的确认。通过对清算方案与清算报告的确认,立法者实际上赋予了人民法院对公司在清算过程中进行强制干预、监督检查的职权。

的权力机关角色①。根据《清算纪要》的规定,人民法院在强制清算中的职权有②:

(1) 召开听证会。在法院决定是否受理股东申请强制清算时应当召开听证会。及时通知申请人并递送相关材料。听证的内容主要包括申请人资格、公司是否发生解散事由、是否符合强制清算的法律要件等。对于法律关系清楚、事实明白、证据充分的,法院在申请无异议的情况下,也可以采用书面审理的方式进行,而不用召开听证会。

(2) 受理权及财产保全。公司解散事由出现后,往往是人去楼空,财产、账簿等重要文件资料也尽皆灭失。人民法院由于取证困难,一般情况下对于此类案件不予受理。但《清算纪要》中对此类案件要求人民法院必须受理,这在司法实践中是一大进步。虽然这是一大进步,但从实践上来看,也只是做了原则性的规定,并没有很强的可操作性。比如对被申请人主要财产、账册、重要文件灭失等的强制清算案件只是作了简单分类,对尚有部分财产、资料的,对现有债务进行公平清偿后③,人民法院可以裁定终结强制清算程序。对于没有任何财产、资料的,人民法院可以直接裁定终结强制清算程序,在此情形下,即使是法院受理强制清算申请,股东及其他利害关系人的利益依然没有得到充分的保障。

(3) 任免、增加、替换清算组成员。当人民法院指定的清算组成员存在违反法律规定,不当行使权利损害小股东、债权人等利益,或

---

① 美国公司法关于清算程序中法院地位及职权的规定可以参考。《美国标准公司法》第九十八条规定,在清算公司资产和业务的诉讼中,法院应当有权发布禁令,委任在诉讼期间的一个或多个清算人,并授予其法院不时指定的权利和义务,以及提起为保护不管位于何处得资产所必需的其他诉讼,并经营公司业务直至能进行第一次正式审理时止。法院应有权不时把清算人及律师在诉讼中的报酬计入清算费用,而且指定从公司的资产或从出售的财产所得款项中支付,委任清算人的法院对公司及其不管位于何处的资产具有排他管辖权。

② 张陶钧:《司法机构在强制清算中的权限》,载《中国商界》2010 年第 7 期。

③ 因无法查清此时公司是否资不抵债,所以也不能直接进入破产清算程序。

丧失作为清算组成员资格和能力时,法院可以依当事人申请也可依职权及时更换清算组成员,另行指定他人为清算组成员。当清算组成员就清算事宜发生争议时,必须由法院出面来进行裁决。

(4)监督检查权。法院自身拥有监督检查权,也可选派中介机构作为检查人,对公司清算中可能存在的损害事项进行调查,并将调查结果书面报告法院,由法院决定是否追究相关人员责任及有无保全处分的必要。人民法院发现公司资不抵债时,应当督促清算组依法向法院申请宣告破产,并及时受理破产申请。法院还应对清算过程中的资产清理、变现行为进行监督,要求清算组及时报告,发现违法行为及时制止和纠正。

(5)决定清算相关支出及清算人的报酬。对于清算的相关支出,法院应予以检查,并根据实际情况予以调整。对清算人的报酬,应由法院根据市场标准确定,同时参考清算组成员的意见[①]。

(6)确认清算方案及清算报告,终结清算程序。清算开始后,清算组应将清算方案报告法院,清算结束后,清算组也应及时将清算报告报告法院,法院应及时确认,终结清算程序,维护市场经济稳定。

(九)关于股东申请强制清算案件的申请费

公司股东申请强制清算案件按什么标准收取申请费用,我国《诉讼费用交纳办法》和相关司法解释都没有作出明确的规定。有人认为,公司强制清算案件是非诉案件,因此可参照《诉讼费用交纳办法》规定的非财产案件收费标准收费,仅收取100元的受理费[②];股东申请强制清算案件不能适用普通程序审理,但很显然,股东提出申请的目的是为了解决公司财产的分配问题,必然牵涉到公司财产,属于财

[①] 邱维炎、王宇:《论破产管理人及相关人员的报酬》,载《北方经贸》2009年第11期。
[②] 曹如波:《公司强制清算若干实务问题探讨》,载《法制与社会》2009年第30期。

产案件，如果按非财产案件标准收费并不适当。还有人认为，按被清算公司的注册资本额为财产标的收取，这种收费办法虽易于操作，但因股东申请强制清算的目的是处理公司的剩余财产，而公司的剩余财产状况与公司的注册资本并没有必然联系，如果按注册资本作为标的收取诉讼费，则有可能出现注册资本额多而剩余财产少的情况，导致的结果就是股东交的诉讼费多而获取的收益少，这也是不合理的。

事实上，关于强制清算案件的申请费在规定上是一个非常清楚且简单的内容。这在《清算纪要》中有规定，笔者对此梳理后罗列如下几点：首先，总的原则是参照《诉讼费用交纳办法》关于企业破产案件申请费的有关规定。其次，在细节上也作出相关规定：一是以强制清算财产总额为基数；二是按照财产案件受理费标准减半计算；三是在受理强制清算申请后从被申请人财产中优先拨付；四是如果程序转换为破产程序的，不再另行计算破产案件申请费；五是设定最高限额为30万元。关于这个规定是非常明确的。笔者认为这不是一个需要深入探讨的问题，但实践操作中对这个问题的理解是非常不一致的。法院在收取费用的过程中有如下问题：一是未按照规定参照破产案件的申请费的规定计算；二是法院并不是从被申请人财产中优先拨付，而是由申请人预先支付。法院的这种操作在一定程度上给申请人增加了一些附加性的义务，提高了申请人提出申请的门槛，加大了申请人申请的风险，从而减损了申请人的有关利益，更严重的可能会降低申请人申请强制清算的积极性。因此，笔者认为法院应该严格按照法律规定的程序来操作，这样才能更好地维护各方主体的合法权益，也更能体现法律的公平与正义。

(十) 关于管辖法院及审理期限

1. 管辖法院

股东向人民法院申请对公司进行强制清算，首先要明确向哪个法院申请的问题,否则人民法院不受理,强制清算程序便无法进行下去。《公司法司法解释(二)》第二十四条规定:"解散公司诉讼案件和公司清算案件由公司住所地法院管辖。公司住所地是指公司主要办事机构所在地。公司办事机构所在地不明确的,由其注册地人民法院管辖。基层人民法院管辖县、县级市或者区的公司登记机关核准登记公司的解散诉讼案件和公司清算案件;中级人民法院管辖地区、地级市以上的公司登记机关核准登记公司的解散诉讼案件和公司清算案件。"该条既规定了地域管辖,也同时规定了级别管辖。

2. 审理期限

人民法院按照《公司法》规定指定清算组进入公司强制清算程序后,实际清算人却因为种种原因拖延清算的情况比比皆是。如果公司清算工作无限期拖延下去,一则大大增加公司清算费用,削弱公司民事责任承担能力,二则被清算公司与其他法律主体已经发生的各种经济关系,将会处于长期不明确状态,势必影响正常的市场社会秩序,而且这种不知何时结束的清算严重危害公司股东及其他利益相关方的合法权益,更影响到公司制度的健康发展[①]。但清算程序又涉及市场主体的消亡和众多法律关系的结束,也绝不可能在很短时间内完成。因此,必须给清算程序设置一个较为合理的期限。

《公司法司法解释(二)》第十六条对公司强制清算的期限作了较为切实可行的规定:"清算组应当自成立之日起 6 个月内清算完毕,如有特殊情况无法在 6 个月内完成清算的,清算组应当向人民法院申请延长。"但对延长的期限未作出规定,不免遗憾,但同时这也是接下来需要进一步研究探讨的地方。

[①] 国鹏:《有限公司强制清算时应当明晰的几个法律问题》,载《商场现代化·经济与法》2006 年第 34 期。

(十一) 关于法院指定清算组相关问题

法院指定清算组是公司强制清算案件中最主要的程序之一。清算组的工作贯穿于整个清算程序,具体的实体工作基本上也是由清算组完成,可以这么说,清算组的选任对整个清算至关重要,这关系到整个清算案件能否顺利开展,关系到能否更好地维护各方主体的权益,下面笔者就清算组的相关问题作一些梳理。

1. 清算组的选任

正因为清算组在强制清算案件中的重要性,所以其选任也有一个严格的程序。第一,优先考虑公司相关人员,包括公司股东、董事、监事、高级管理人员,因为一方面上述人员相对于其他人,对于公司的相关情况更加了解,另一方面因为清算结果关系到他们自身的利益,尤其是公司股东。因此,如果由上述人员组成清算组不但能提高清算效率,而且可以更好地维护被申请人的利益,降低各方面的清算成本。但是,选任上述人员也有非常严格的条件,简单概括是"能够、愿意、利于"。"能够"是指上述人员有组织清算工作的能力,否则即使再熟悉公司相关业务,都无法操作;"愿意"是指尊重上述人员的意愿,采取自愿原则,如果清算人员主观上不愿意,即使再强的业务能力,也不能很好的完成清算工作;"利于"是指为了维护各方主体的利益,选择有利于清算的人员组成清算组进行清算。第二,如果第一种情况都不合适的情况下,由法院从破产清算案件管理人的名册中选任,可以选择名册中的中介机构或者个人组成清算组。第三,结合前两种方式,由公司相关人员与名册中介机构或者个人组成清算组。上述三种方式在《清算纪要》中有所规定,但是笔者认为,清算组成员不应该只限于这三种方式,只要是熟悉清算业务,能胜任清算工作的相关组织或者个人都可以选任,比如相关的会计师事务所、律师事务所、熟悉清算业务的法律专业人员、会计专业人员等等都可以成为清算组成员。比如清算组成员是由两个法律人士和一个会计师事务所共同组成的,这个专业组合是相对比较合理的。另外,法院指定的清算组成员应当为单数,为过程中的多数决方便行事,同时确定经成员推选或者法院依职权指定清算组负责人。

法院在指定清算组成员的实践中往往会遇到一些棘手的问题,比如股东之间在清算组成员问题上难以达成一致意见;一部分股东赞成中介机构加入,另一部分则排斥中介机构;或者一致排斥中介机构,而缺少中介机构又使得一些专业性问题难以解决等等。这就要求受理案件的法院提高灵活准确适用法律的能力,做到"有所为、有所不为",既要尊重当事人意思自治,又要保证清算程序合法有序进行。

2. 清算组的报酬

关于报酬,针对不同的清算组,《清算纪要》作出了不同的规定。第一,对于上述清算组成员的第一种情形,《清算纪要》中规定,公司股东、实际控制人担任清算组成员的,不计付报酬。上述人员以外的有限责任公司的董事、监事、高级管理人员担任清算组成员的,可以按照其上一年度的平均工资标准计付报酬。笔者认为,对于股东清算组成员不计报酬,董事等高级管理人员按上一年度平均工资计付报酬的规定,不利于提高公司股东、董事等高级管理人员参与公司强制清算的积极性。试想,这些平时都能拿到丰厚薪水福利的公司股东、董事等高级管理人员,他们会愿意不拿或拿低报酬去做一些相对比较复杂的事情吗? 在上述清算组成员内容中笔者已经分析过,由公司股东、董事等高级管理人员参与清算工作的优越性,《清算纪要》中也主张"优先考虑"。但是在报酬的规定上,又作出这样的规定,显得有些矛盾,这样也无法达到《清算纪要》的立法用意。因此,笔者认为,针对公司成员组成清算组的报酬,一定要作出合理的规定,至少不能低于他们平时的报酬。这样才能调动他们参与清算的积极性,也有利于整个强制清算程序的顺利进行。第二,对于由中介机构或者个人组成清算组成员的,《清算纪要》规定,先由中介机构或者个人与公司协商确定;协商不成的,参照《最高人民法院关于审理企业破产案件确定管理人报酬的规定》(简称《破产管理人报酬规定》)确定。笔者认为,首先双方协商确定,这是最好的处理方式,但是往往可能协商不成,在这种情况下,《清算纪要》规定参照《破产管理人报酬规定》,但是在按照规定确定清算费用时,适用的比例应当比适用破产清算的比例更低,因为破产清算是公司资不抵债,资产相对较少,按照相应的比例计算是合理的,而公司强制清算则不同,公司是盈余的,而且大部分企业资产总额比较大,如照这种算法的清算费用是非常高的,因此必须适当降低计算比例。

(十二)关于强制清算案件与破产案件的衔接

依照《公司法》的规定,清算组在清算过程中发现公司财产不足清偿债务的,应当依法向法院申请宣告破产。《公司法司法解释(二)》在此基础上增加了清算组与债权人协商制作有关债务清偿方案的机制。上述有关公司资不抵债即应当向法院申请宣告破产的规定,单纯从法理角度上看是没有任何问题的,这也是各国立法通例。但是结合现阶段我国的国情分析,强制清算案件与破产案件的衔接问题绝不是公司资不抵债即宣告破产那么简单。也就是说,在强制清算案件过程中发现公司资不抵债,又不能成立有效的债务清偿方案的,如果采取简单的由清算组申请破产的处理方式,则可能产生清算案件终结与破产申请不被受理或被驳回的矛盾,造成"案结事不了"的局面。

自 2022 年 5 月 1 日起,陕西高院在全省法院实行强制清算与破产案件集中管辖,由各中院统一管辖辖区强制清算与破产案件,由基层法院管辖部分衍生诉讼案件,陕西省高级人民法院可根据实际需要指定管辖和提级管辖强制清算与破产案件。这是司法实践中破产审判机制的创新,值得各地法院借鉴学习。另外,为推动执行程序和破产程序高效衔接,加快"僵尸企业"出清,陕西省高级人民法院还探索建立执行与破产直通程序,以及人员直通、审查直通、职责直通、销案直通等四项工作机制,着力推进"执转破"各项工作法治化、专业化、制度化,为"执转破"工作再添制度支撑,统筹解决执行难和企业破产难问题。

"执行转破产直通"是"执转破"的完善和有益补充,是探索执行程序与破产程序无缝衔接的工作机制。关于强制清算案件与破产案件的衔接,是否可以借鉴这种思路呢？在司法实践中畅通清算程序和破产程序的衔接渠道,确保程序转换规范,我们可以从以下方面入手：一是最高人民法院尽快出台关于公司清算案件与破产案件衔接问题的司法解释,为实践中落实清算转破产案件提供审判依据。二是加强法院内部不同部门之间的配合,在清算程序和破产程序之间架起一座桥梁,通过建立由清算人员和破产审判人员组成清转破团队,负责专门化处理此类案件,切实提升破产审判专业化水平。三是审慎介入清算案件转破产案件,审理强制清算案件的法院如遇公司资不抵债的情况,应当尽最大努力积极促使清算组与债务人就债务清偿方案进行协商,尽量避免简单地将强制清算转为破产案件。

【类案裁判】

1. 青岛市黄岛区人民法院(2022)鲁0211清申6号股东申请强制清算与破产裁定书

裁判要旨：被申请人某盈物流有限公司已经本院判决解散,据此,被申请人某盈物流有限公司的解散事由已出现,应在该解散事由出现之日起15日内成立清算组开始自行清算,但某盈物流有限公司至今未成立符合公司法及该公司章程规定的清算组进行清算。依照《公司法司法解释(二)》第七条规定,申请人某岛铁路经营集团有限公司作为被申请人某盈物流有限公司的股东,有权向人民法院提起强制清算申请。

2. 江苏省无锡市中级人民法院(2022)苏02清申6号股东申请强制清算裁定书

裁判要旨:根据《公司法》第一百八十三条规定:"公司因本法第一百八十条第(一)项、第(二)项、第(四)项、第(五)项规定而解散的,应当在解散事由出现之日起十五日内成立清算组,开始清算。有限责任公司的清算组由股东组成,股份有限公司的清算组由董事或者股东大会确定的人员组成。逾期不成立清算组进行清算的,债权人可以申请人民法院指定有关人员组成清算组进行清算。人民法院应当受理该申请,并及时组织清算组进行清算。"现某社区服务有限公司被依法吊销营业执照后一直未进行清算,也无债权人申请强制清算。因此,某申经济发展总公司作为北大街社区服务有限公司的股东有权根据《公司法司法解释(二)》第七条的规定申请人民法院指定清算组对某社区服务有限公司进行强制清算。

【法条索引】

《公司法》第一百八十条、第一百八十三条;《公司法司法解释(二)》第七条;《清算纪要》第十八条、第二十六条、第三十七条。

案例 24

某星公司诉某医疗实业有限公司破产债权确认纠纷案①

——破产案件中优先受偿债权如何认定

【案情简介】

2011年11月26日,原告某星公司与被告某医疗实业有限公司签订了医院公寓楼1#、2#和3#楼施工承包合同,2012年6月1日签订了景观绿化施工承包合同,2013年7月1日签订了外墙漆施工承包合同,2013年6月1日签订了消防与门窗施工承包合同。后原告某星公司又实际承建了该医院公寓楼二期项目8#、10#、11#和12#楼,因被告某医疗实业有限公司实业公司手续不齐全,施工过程中被叫停至今,已成"烂尾工程",尚未签订施工承包合同。由于医疗实业有限公司在建设项目手续存在问题,致使该项目至今尚未办理验收手续,同时也未办理竣工结算。直到2022年1月10日,某医疗实业有限公司以资不抵债、不能清偿到期债务为由向法院申请破产清算。

2022年1月18日法院裁定受理某医疗实业有限公司破产清算一案,2022年2月28日指定河南某律师事务所与河南某联合会计师事务所(普通合伙)联合担任破产管理人。原告于2022年3月

---

① 案例来源:河南省焦作市山阳区人民法院(2023)豫0811民初1025号民事判决书;焦作市中级人民法院(2023)豫08民终505号民事判决书。

8日向破产管理人申报了破产债权,要求被告的管理人对其工程款10 838 467.32元予以确认,并要求工程价款优先受偿权。经过管理人审核后认为,原告河南某星公司与被告某医疗实业有限公司签订多份施工合同,因双方对应付款金额与已付款金额存在较大分歧,债权金额暂难以确定,其债权予以"暂缓确认"。为保障债权人的合法权益,管理人向法院申请给予原告河南某星公司临时债权额,以保障其在第一次债权人会议中行使表决权,法院于2022年6月6日依法作出(2022)豫0811破2-20决定书,临时确定原告河南某星公司债权数额为10 838 467.32元。

2022年6月8日召开第一次债权人会议,将原告申报的债权单列为"暂缓确认",第一次债权人会议后,原、被告对原告实际施工的各项工程应付价款及已付工程价款金额进行再次核对。经双方核对并最终确认后,2022年7月6日由破产管理人向原告发出了债权复审通知书,审核确认了工程总结算价为50 723 027.37元和债权总金额为7 768 869.68元,具体详见《债权复审通知书》(同破管复字第4号)。

2023年1月19日召开第二次债权人会议,按照原、被告双方最后结算的金额确认了债权总金额,破产管理人提交了《焦作某医疗实业有限公司债权表(二)》,原告发现管理人列明的债权金额与上述《债权复审通知书》记载金额一致,但债权性质显示为"普通债权",否定了原告所享有的建设工程价款优先受偿权。会后,原告立即对案涉"拟确认"债权向管理人提出了异议,管理人于2023年2月8日向原告发出《债权复审通知书函》(同管破复字第18号),否认原告享有建筑工程价款优先受偿权,故而产生本诉。

原告诉称,案涉一期工程没有竣工验收,在没有竣工验收的情况下,被告于2015年自行将原告承建的项目投入使用,二期工程属于未完工程,不存在交付问题,主张对其承建工程拍卖的价款在7 768 869.68元范围内享有建设工程价款优先受偿权。

被告辩称,无论按照合同约定时间还是按照工程交付时间或提交结算文件时间,均已远远超过法律规定的行使建设工程优先权的期限,某星公司在法定期限内未主张工程价款优先受偿权,已丧失此项权利,管理人将某星公司债权确认为普通债权,不享有优先受偿权,具备法律及事实依据。

【裁判结果】

一审法院判决驳回原告某星公司的诉讼请求,某星公司不服,向二审法院提起了上诉。二审期间,一审法院通知按照诉请确认的优先债权金额补缴上诉费,上诉人坚持认为不应当补缴,过了上诉费的不缴费期限后,二审法院裁定按自动撤回上诉处理。

【裁判要旨】

本案事实发生在《民法典》施行前,依照《最高人民法院关于适用〈中华人民共和国民法典〉时间效力的若干规定》第一条第二款规定,应适用《民法典》施行前的法律及相关司法解释规定。《合同法》第二百八十六条①规定了建设工程的价款就建设工程折价或者拍卖的价款优先受偿。《最高人民法院关于审理建设工程施工合同纠纷案件适用法律问题的解释(二)》第十七条规定,与发包人订立建设工程施工合同的承包人,根据《合同法》第二百八十六条规定"请求其承建工

---

① 第二百八十六条:"发包人未按照约定支付价款的,承包人可以催告发包人在合理期限内支付价款。发包人逾期不支付的,除按照建设工程的性质不宜折价、拍卖的以外,承包人可以与发包人协议将该工程折价,也可以申请人民法院将该工程依法拍卖。建设工程的价款就该工程折价或者拍卖的价款优先受偿。"该条款已被《民法典》第八百零七条替代。

程的价款就工程折价或者拍卖的价款优先受偿的,人民法院应予支持"。第二十二条规定"承包人行使建设工程价款优先受偿权的期限为六个月,自发包人应当给付建设工程价款之日起算"。关于应付工程价款之日的确定,首先,合同有约定的,应当遵循约定,该工程款的支付时间即为应付工程款之日,也是行使建设工程价款优先受偿权的起算时间。在当事人对付款时间没有约定或者约定不明的情况下,建设工程实际交付的,以建设工程交付之日为应付款时间,建设工程没有交付,但承包人在竣工验收合格后按照合同约定的时间提交了竣工结算文件,发包人如在合同约定的期限内不予答复的,应当认定此时为应付款时间。本案中,某星公司为同仁公司施工的案涉一期工程均在2015年前完工,在2013年至2015年期间双方进行结算,且案涉工程同仁公司早已使用,付款条件已经成就,某星公司主张建设工程优先受偿权,但未提交证据证明在法律规定的时间内曾向同仁公司主张过优先受偿权,故某星公司的主张超过优先受偿权行使的法定期限。故,原告主张该7 768 869.68元破产债权享有优先受偿权无事实及法律依据。

【裁判评析】

本案系典型的破产债权确认纠纷,是关于施工企业向破产管理人诉请确认其申报的破产债权具有建设工程价款优先受偿权的典型案例,本案主要涉及以下几个争议焦点问题。

一、关于本案中建设工程价款优先受偿权行使期限的起算点如何确定的问题

为指导建设工程施工合同纠纷案件的审理,配套《民法典》同步实施,最高人民法院于2021年1月1日发布了《关于审理建设工程施工合同纠纷案件适用法律问题的解释(一)》(以下简称《建工合同

解释(一)》)。其中第四十一条规定:"承包人应当在合理期限内行使建设工程价款优先受偿权,但最长不得超过十八个月,自发包人应当给付建设工程价款之日起算。"建设工程价款优先受偿权的行使期限由此前的六个月延长为十八个月,行使期限的起算点为"发包人应当给付建设工程价款之日"。实践中,对于建设工程价款优先受偿权最长行使期限为十八个月一般不会产生争议,但对于行使期限的起算点"发包人应当给付建设工程价款之日"如何理解与适用,往往容易发生纠纷。笔者将针对此问题进行详细分析。

通常情况下,在工程施工完毕后经过竣工、验收、结算后,发包人依约支付工程款,此种情况下应付工程价款之日较为明确。而本案原告实际施工的案涉工程截止第一次债权人会议时尚未办理竣工验收手续,更未结算,导致原告申报的债权金额难以确定,在第一次债权人会议时作为"暂缓确认"债权处理。故,在第一次债权人会议期间,被告应付工程款条件尚不具备,原告的建设工程款优先权行使期间并未起算。在第一次债权人会议之后,原、被告双方对原告施工的案涉工程进行最终结算,被告欠付工程款数额才得以明确,优先受偿权的范围才同时确定。故,"应付工程款之日"为案涉建设工程结算价款确认的时间即2022年7月6日,建设工程价款优先受偿权起算点应从此时开始计算。

显然,原告主张的工程价款优先受偿权未超过法律规定期限,破产管理人将原告债权性质列为"普通债权"提交第二次债权人会议审议,严重侵害了原告所享有的建设工程价款优先受偿权,破产管理人认为原告债权不享有优先受偿权的理由是缺乏事实和法律依据的。

二、关于本案是否可以参照《建工合同解释(一)》第二十七条关于利息的时间起算点问题

《建工合同解释(一)》第二十七条规定了建设工程施工合同中利

息的起算点,该规定主要是为了防止发包人恶意拖延承包人工程价款。在实践中工程结束的结算和审核往往需要一定的期间,有的发包人恶意拖延审核结算,以逃避支付工程价款,法律为了惩罚这种恶意拖延行为,则不再保护其期限利益。故而这个时间点其实越早约定对发包人越有利。反观第四十一条,其目的在于解决优先权的行使期限问题,当承包人在竣工验收合格后如期提交了竣工结算文件,而发包人怠于答复,那么就需要相应延长其期限利益的保护时间,故而起算点越晚对承包人越有利。可见利息和优先权的期限利益保护在某些方面并不是完全同步的,故而第二十七条的"应付款时间"虽然具有参考意义,但是并不能完全成为第四十一条确定优先权起算时点的标准。

在本案中,对于一期工程,因为双方签订有施工合同,合同中也有对付款时间的约定,当然不能参考适用《建工合同解释(一)》关于利息起算的推定时间。原告认为破产管理人于2022年7月6日核发的(同破管复字第4号)为应付价款之日,从此时计算建设工程价款优先受偿权较为合适;对于二期工程,因为双方没有签订合同,当然没有对应付款时间的约定,那么就可以参考适用《建工合同解释(一)》中第二十七条有关工程应付款时间确定中规定,建设工程未交付,工程价款也未结算的,为当事人起诉之日,现原告提起诉讼时间为2023年2月25日,其起诉并未超过主张优先受偿的期限。综上,原告主张工程款项的优先受偿权,符合法律规定。

三、关于本案破产债权确认纠纷诉讼费收取问题

本案系普通破产债权确认纠纷,《诉讼费用交纳办法》对该类案件受理费并未明确予以规定。但在破产程序中,破产债权通常是得不到足额清偿的,甚至可能得不到清偿。对进入破产程序之后的破产债权争议诉讼以债权的名义数额为标准按照给付之诉收费,会造

成诉讼当事人负担过重,甚至可能出现诉讼收费数额超过债权人得到的破产分配额的不公平的结果。

具体到本案,焦作某医疗实业有限公司破产财产被一位债权人的优先权全部覆盖,导致包括申请人在内的所有债权人均无法得到清偿。如果把此类案件均按照财产类案件根据争议债权数额收取受理费的话,会加重债权人的负担,不利于破产案件中已经出现的社会矛盾化解。同时,在类案裁判中,有按件收费的先例。因此,从准确理解《诉讼费交纳办法》的立法原意出发,兼顾有效化解社会矛盾、避免群体性事件的法院职能,本案应按件收取受理费。

四、当事人对二审法院作出的"按自动撤回上诉处理"的裁定能否申请再审

本案中,一审判决后当事人不服,向二审法院提起了上诉。二审期间,一审法院通知补缴上诉费,上诉人坚持认为不应当补缴,过了上诉费的不缴费期限后,二审法院裁定按自动撤回上诉处理。对于此二审裁定,当事人能否申请再审?

对于这个问题,本来在2015年《最高人民法院关于适用〈中华人民共和国民事诉讼法〉的解释》(以下简称《民诉法司法解释》)起草时就已经考虑过这个问题了,当时就存在争议。但最终考虑到当事人可以直接针对一审判决申请再审获得救济,若允许对按自动撤回上诉处理的裁定申请再审,则已经生效甚至执行完毕的一审判决又变为不生效,程序难以操作,所以最终在2015年《民诉法司法解释》中未规定对该类裁定可以申请再审,仅在第三百八十一条中规定"当事人认为发生法律效力的不予受理、驳回起诉的裁定错误的,可以申请再审"。尽管如此,还是有人难免会有疑惑:最高人民法院也没有说对于按自动撤回上诉的二审裁定不能申请再审。于是在司法实践中产生了较大争议,有观点认为"按自动撤回上诉处理的裁定不能申请

再审",主要理由是:其一,按自动撤回上诉处理的裁定,因人民法院已经就案件实体争议进行了判处,当事人不服生效的一审判决可以通过对该判决申请再审而获得救济;其二,当事人可以申请再审的发生法律效力的裁定的范围,限定于不予受理、驳回起诉的裁定,不包括自动撤诉情形;其三,司法判例也不支持申请再审,例如在最高人民法院(2015)民申字第2806号民事裁定书中(再审申请人深圳市某策投资有限公司因与被申请人刘某霞及原审被告龚某升、张某民间借贷纠纷一案),最高人民法院认为:"类如本案作当事人自动撤回上诉处理的裁定,因人民法院已经就案件实体争议进行了判处,当事人不服生效的一审判决可以通过对该判决申请再审而获得救济。因而,最高人民法院《关于适用〈中华人民共和国民事诉讼法〉的解释》第三百八十一条,将当事人可以申请再审的发生法律效力的裁定的范围,限定于不予受理、驳回起诉的裁定。某策公司就广东省高级人民法院关于对该公司按自动撤回上诉处理的裁定申请再审,没有法律根据。若某策公司认为深圳市中级人民法院的一审判决有错误,可以依法向广东省高级人民法院申请再审。裁定驳回深圳市某策投资有限公司的再审申请。"

但笔者认为,按自动撤回上诉处理的裁定应当支持申请再审。最高人民法院针对这个问题出台了好多批复,都认为当事人可以申请再审。现在我们就来梳理一下最高人民法院的相关批复。

1998年8月13日《最高人民法院关于第二审法院裁定按自动撤回上诉处理的案件第一审法院能否再审问题的批复》(法释〔1998〕19号) 河南省高级人民法院:你院豫高法〔1997〕129号《关于再审案件中若干问题的请示》收悉。经研究,答复如下:在民事诉讼中,上诉人不依法预交上诉案件受理费,或者经传唤无正当理由拒不到庭,由第二审人民法院裁定按自动撤回上诉处理后,第一审判决自第二审裁定确定之日起生效。当事人对生效的第一审判决不服,申请再审的,第一审人民法院及其上一级人民法院可以依法决定再审,上一级人民法院的同级人民检察院也可以依法提出抗诉。对第二审裁定不服申请再审的,由第二审人民法院或其上一级人民法院依法决定是否再审。

2000年5月29日《最高人民法院研究室关于第二审法院裁定按自动撤回上诉处理的案件,二审裁定确有错误,如何适用程序问题的答复》(法研〔2000〕39号)　安徽省高级人民法院:你院皖高法〔1999〕282号《关于第二审法院裁定按自动撤回上诉处理的案件,二审裁定确有错误,如何适用程序问题的请示》收悉。经研究,答复如下:第二审法院裁定按自动撤回上诉处理的案件,二审裁定确有错误的,应当依照审判监督程序再审。

2002年7月24日《最高人民法院关于当事人对按自动撤回上诉处理的裁定不服申请再审,人民法院应如何处理问题的批复》　吉林省高级人民法院:你院吉高法〔2001〕20号《关于当事人对按撤回上诉处理的裁定不服申请再审,人民法院经审查认为该裁定确有错误应如何进行再审问题的请示》收悉。经研究,答复如下:当事人对按自动撤回上诉处理的裁定不服申请再审,人民法院认为符合《中华人民共和国民事诉讼法》第一百七十九条规定的情形之一的,应当再审。经再审,裁定确有错误的,应当予以撤销,恢复第二审程序。

从以上三个批复的内容来看,最高人民法院在这个问题上都是支持对二审按自动撤回上诉处理的裁定再审的,而且这三个批复直到此刻均没有被明文废止,还是处于有效的状态之中。

最高人民法院法官发表于2014年的《民事审判指导与参考》(2014年第4辑)上的文章,关于"人民法院针对再审申请人对按自动撤回上诉处理裁定不服申请再审案件的审查范围","最高法院民一庭意见"中明确写道:"对于再审申请人对再审申请中既有对二审法院按照自动撤诉处理裁定不服的理由,也有对一审法院实体审判内容不服的理由,人民法院根据《民事诉讼法》第二百条的规定对该再审案件的审查,仅审查其对二审法院按照自动撤诉的裁定不服的理由,对于再审申请人针对一审判决处理不服的理由,人民法院不予审查,当事人对一审判决的处理,可根据《民事诉讼法》的相关规定,另寻求救济途径。"在这篇文章中,最高人民法院民一庭认为按自动撤回上诉的二审裁定是再审案件的审查范围。

经检索裁判文书网,在2015年《民诉法司法解释》施行之后还有很多法院引用这些批复对按自动撤回上诉的二审裁定进行再审。

换个角度思考一下,假如本案不对二审法院的按自动撤回上诉的裁定申请再审的话,能否对一审生效判决提起再审申请呢?笔者认为完全可以,理由如下。

第一,本案申请再审的对象是一审法院生效判决,而非二审裁定。根据《民事诉讼法》第一百七十八条规定:"当事人对已经发生法律效力的判决、裁定,认为有错误的,可以向原审人民法院或者上一级人民法院申请再审,但不停止判决、裁定的执行。"该条明确表明对于生效判决,无论是否经过二审,均可以申请再审。虽然一审判决自二审裁定后才发生效力,但该二审裁定与一般二审案件的裁判效力却存在着明显的不同:该裁定仅解决程序事项,并未对当事人实体权利义务关系进行裁判,一审判决无须依附二审裁定而存在。由于二审裁定并未对当事人实体权利义务关系进行裁判,对一审判决申请再审亦不牵涉二审裁定。因此,由法院启动再审程序,并不违背诉讼程序的基本原理。在法释〔1998〕19号《关于裁定按自动撤回上诉处理的案件第一审法院能否再审问题的批复》中,最高人民法院对按自动撤回上诉处理的案件已经作出了明确的解释,该批复精神完全应当适用于本案的处理。

第二,笔者检索裁判文书网发现,在(2021)最高法民申7905号案件《青海某田房地产开发有限公司、某建设有限公司等合资、合作开发房地产合同纠纷案》中,最高人民法院认为:虽然根据《民诉法司法解释》第三百八十一条规定"当事人认为发生法律效力的不予受理、驳回起诉的裁定错误的,可以申请再审",对裁定申请再审的类型仅限于不予受理和驳回起诉的裁定,按自动撤回上诉处理的裁定不能申请再审。但是鉴于按自动撤回上诉处理的裁定作出后一审判决即发生法律效力,如对一审判决不服,当事人可以通过直接针对一审判决申请再审获得救济。本案某田公司系依法对一审判决申请再审,依法应予审查。另外,本案中某田公司收到上诉案件交费通知书后未按照指定期限交纳二审案件受理费,其关于免交诉讼费的申请亦不符合规定,法院依法裁定按某田公司撤回上诉处理。本案不存在某田公司未上诉且认可一审判决情形。故某田公司有权对一审判决申请再审。

本案特殊之处在于实际上存在着两个生效裁判,一个是一审判决,一个是二审裁定,两者都是生效裁判。但两个生效裁判的调整对象并不相同:前者调整当事人实体权利义务关系,后者则是对当事人申请撤回上诉的诉讼行为进行程序性处置。按照《民事诉讼法》的相关规定,当事人均可以申请再审,人民检察院也可以依法进行抗诉。这样既符合当事人申诉的本意,也完全符合民事诉讼法的立法意旨。

【类案裁判】

有关建设工程价款优先受偿权问题的认定,以下是笔者在写作中检索到与该问题相关的部分法院案例及裁判观点,供读者参考。

1. 最高人民法院(2020)最高法民申3302号民事裁定书

裁判要旨:当事人有约定的,以约定的发包人应付款之日为起算点。《最高人民法院关于审理建设工程施工合同纠纷案件适用法律问题的解释(二)》第二十二条规定已将承包人行使建设工程价款优先受偿权的起算时间明确为发包人应当给付建设工程价款之日,并非实际竣工之日。原判决结合案涉工程早已停工等事实,认定案涉建设工程价款优先受偿权起算点为《补充协议》约定的应付款之日即 2015 年 1 月 30 日,唐某华主张建设工程价款优先受偿权已超过六个月期限,并无不当。

2. 最高人民法院(2021)最高法民申 5725 号民事裁定书

裁判要旨:对案涉欠付工程款约定分期履行,属于对同一个债务的履行,最后一期工程款应付之日为债务整体到期之日,二审判决以最后一期工程款应付之日作为工程款优先受偿权起算点,并无不当。

3. 最高人民法院(2021)最高法民申 7245 号民事判决书

裁判要旨:以提交竣工结算文件之日作为应付款时间的条件是双方当事人对结算文件所载明的工程款均无异议,在此情形下,承包人才具备了根据确定的建设工程价款主张优先受偿权的条件。本案中,某天建筑公司提交结算汇总表时,某五饮品公司、某生饮品公司未予审核确认,案涉工程未完成竣工结算。本案中,案涉工程交付之日不明,工程价款也未结算,应以某天建筑公司起诉时间作为应当给付建设工程价款之日。

【法条索引】

《民法典》第八百零七条;《最高人民法院关于审理建设工程施工合同纠纷案件适用法律问题的解释(一)》第二十七条、第三十九条、第四十条、第四十一条。

后 记

众所周知,案例教学已经成为法学教育的基本方法,这是与法律职业面向生活、面向实践的特性密切联系在一起的。要成为一个真正的法律职业者,必须具备扎实的实践操作技能。

我国长期以来将法学教育目标定位于理论型的人文学者,而不是应用型的法律人才,过分强调法学知识的体系性、逻辑性,而轻视其实践特性,因此,案例教学法就是给学生提供一种认识、分析和解决实际法律问题的模拟实战机会,最后结果往往是找到解决问题的一个或一套方案。

本书以学理为骨骼,以案例为皮肉,浑然一体,把基本制度、基本理念置于丰富多彩的案件事实之中;以典型案件来阐述法理,最终实现内容和形式的有机统一,让学生未入社会就领略到真刀真枪的法律职业魅力。本书不是对司法案例的简单堆砌,而是始终以指导民商事诉讼为出发点,对每种类型的民商事诉讼所遇到的焦点问题和要件事实进行深入分析,真正做到理论和实践的紧密结合。

事实上,丰富多彩的司法实践给学生提出的现实问题远比书本上的案例复杂得多,生动得多。历史总是会重演,而且会不断重复。我相信在司法实践中必定会遇到与本书选取的典型案例相类似的案例,本书恰恰可以方便读者在处理类似案件时能游刃有余。

最后,感谢我的硕士研究生导师李建伟教授传授给我的科研方法和法律思维方法,感谢隆成律所的申明主任在我律师执业初期给予的启蒙和点拨,感谢法学系的全体老师多年来对我的关心和帮助,感谢我的家人对我的大力支持和理解,感谢我指导的法律硕士研究生崔贺欢和李明珠同学对书稿的整理和校对。

翟宝红

2023 年 10 月于河南理工大学